私がタバコをやめた理《ワ》由《ケ》

タバコ百害問答

荻野寿美子

あけび書房

はじめに

本書『私がタバコをやめた理由―タバコ百害問答』は、10人の元喫煙者の方々にタバコについてのお話を伺い、そのお話の中からキーワードを拾い上げて、私と元喫煙者の夫が対話形式でタバコ問答を繰り広げる内容です。

インタビューに応じてくださった10人の方々は、タバコを吸い始めたきっかけも、やめることになったきっかけも違い、まさしく十人十色です。感じ方も経験もそれぞれなので、もしかしたら読者の皆さんがご自分とよく似た事例を見つけることができるかもしれませんし、ご自分とは違う感覚や考えにお気づきになることがあるかもしれません。

「タバコをやめられないのは意志が弱いからだ」とか、「禁煙できないのは自分に甘いからだ」とか、これまで禁煙できないことが喫煙者の意志薄弱のせいだと思われたり、言われたりしてきましたが、タバコをやめたくてもやめられないのはニコチン依存症のためで、れっきとした「病気」なのです。

近年は有効な治療薬が開発され、禁煙外来での治療も70％以上が成功するまでになりました。

でも、禁煙外来での治療が終わったら、その後はどうなるのでしょう？　医師の監督がなくても、自分自身でタバコをやめ続けなければなりません。その時、助けとなるのは、周囲の協力と、経験者のサポートではないでしょうか。

アルコール依存症の場合、患者は家族とともに断酒会に参加したり、断酒会で体験談を語り合い、体験談をまとめた冊子を読んだりすることで、断酒の効果が上がることが知られています。私は、ニコチン依存症も、アルコール依存症と同じように、タバコをやめた方の体験談を読むことで、タバコをやめようと思っている方には我が身を見つめ直し、タバコを吸わない方にはタバコと喫煙者に対する理解を深めてもらえるのではないかと考えました。

幸い、10人の元喫煙者の方が、快くインタビューに応じてくださいました。10人の方の話は、これからタバコをやめようと思っている皆さんを勇気づけ、新しい世界の扉を開けてくれることでしょう。

私の亡父は喫煙者でした。喫煙歴は約55年間。喫煙と暴飲暴食の悪行三昧をしていた頃の父の言いぐさは、「酒とタバコで死ねるなら本望だ」でした。そんな父がタバコをやめたのは、自分の意思とは関係なく、ある日突然タバコが吸いこめなくなったからなのです。これはおかしいということで病院に行き、そこで根治することはないタバコ病に罹患していることがわかり、そう遠くない将来に死が訪れる現実に直面しました。

そう遠くない将来に父に死が訪れることがわかっても、父がタバコをやめたことは、私と母にとって、とてもうれしいことでした。父にタバコをやめてほしいとずっと思ってきましたし、父の喫煙が原因で家族間が険悪になることがしばしばあったからです。父が病気になってタバコをやめて、そこで初めて家族に平穏が訪れてうれしがられるなんて、それではあまりにも皮肉すぎます。

さらに皮肉は続きます。父が亡くなってから、私と母は以前にも増してタバコに苦しめられるようになりました。テレビに流れるタバコ会社の白々しいイメージCM、ドラマや映画の喫煙シーン、雑誌の広告、外出すれば見かける喫煙風景、ショーケースにずらりと並べられたタバコ…。それらを見ると、父の壮絶な最期が脳裡によみがえり、胸が苦しくなるのです。

おそらく父は、自分が死んだ後になっても、家族をタバコによって苦しめ続けることになるとは、想像だにしなかったことと思います。

この本を手に取ってくださったタバコを吸っている皆さんには、私たち家族のような、皮肉な人生を送ってほしくありません。まずは大切な人のため、今すぐタバコをやめてください。ご自身はもちろん、周囲の方が病気や死に直面する問題が起きてから、大切な人や大切な時間を失ってから気づいたのでは、遅いのです。

そして、まだタバコを吸ったことがない方には、ご自身ばかりか周囲の人たちの健康と命を奪う、その目の前の1本に手を出さないでほしいと願っています。

夫をはじめとして、お話を伺った10人の元喫煙者の方々は、口をそろえてタバコをやめて良かったと話していらっしゃいます。そして、タバコをやめたからこそわかる新しい世界の見方を紹介してくださいました。

きっと皆さんも、タバコをやめることができるはずです。その目の前の1本に手を出さないでいられるはずです。

さあ、皆さん、私たちと一緒にページをめくり、新しい世界への扉を開いてみませんか。

2016(平成28)年8月

荻野 寿美子

*インタビューに応じてくださった方の年齢は、取材当時の年齢です。

もくじ

エピソード1 稲毛登紀夫さん（仮名） 59歳・男性

心筋梗塞で突然倒れて…

高校卒業後に学校に就職して、そこの教員だった人に勧められたのが、タバコを吸い始めたきっかけです。未成年でした。

父も母もタバコを吸っていたので、タバコに対する抵抗感はありませんでした。でも、本数は少なくて、1日10本ぐらい。本数が少ないからやめられるんじゃないかと思いながら吸っていましたが、結局7年前まで35年間も吸い続けました。本数は少ないですが、家でもリビングで吸っていたので、みんなの嫌われ者でした。だから、換気扇亭主でした。

――本気でやめようと思ったのは、何かきっかけがあったのですか。

本格的にやめようと思ったのは7年前です。２０１０年の2月に心筋梗塞で倒れて、その前兆だったのかなと思うのですが、タバコを吸うと体調が悪くなったんです。タバコを吸うとクラッと来たり、気持ちが悪くなったりしていました。

さすがに「これはまずいかな、タバコをやめてみようかな」と思い、ニコチンガムを使いました。1日8粒から12粒くらいで始めて、だんだん減らしていきましたが、順調にはいきませんでした。どうしても途中で吸ったりして。完全に禁煙するまでに6か月かかりました。

ニコチンガムを使っていても、しばらくは量も減らせないし、タバコを吸ったりして、遅々として進まないというか、そういう感じがありました。それでもあきらめずにやっているうちにだんだんガムの数が減ってきて、その減ってきた時に、「あ、これはタバコをやめられるな」と、自信を持てたんです。

でも、ニコチンガムは、きっかけをつくるだけだと思うんです。吸いたい時と吸いたくない時で山と谷があるとすると、その吸いたい山の時に吸わなければ、山を越えさえすればなんとかなると気がついて、山が来た時、水を飲んでやり過ごすとか、飴をなめたりね。

それから、喫煙者がいるような所には近寄らないようにしていました。どうしても、そういう所に行くと、吸いたくなりますからね。でもね、今でも不思議なことに、コーヒーとかお茶とか、ちょっと刺激のある飲み物を飲んだ時に、「ああ、タバコを吸いたいな」と、思うことがあるんです。「いいや、タバコをやめたんだ」と、自分に言い聞かせていますけどね。

――タバコを吸っていた時には気づかなかったけれど、やめて気づいたことはありますか。

やめてから1か月くらいたつと、胃が活発になってきて、食欲も出てきてごはんが美味しくなりました。

それから、自分が吸っていた時から、ほかの人が吸うタバコの臭いは嫌でした。でも、家族から臭い臭いと言われても、自分のことはわからなかった。換気扇の下で吸っているから、気を遣っているつもりでしたし、タバコをやめようという気持ちにはならなかったんです。

タバコをやめたらほかの人のタバコの臭いがより強烈に感じられるようになりました。特に喫煙者の口臭はすごい。体臭にもタバコの臭いが出ますよね。通勤の満員電車で、近くに喫煙者がいるとわかる。近づきたくない、離れたいです。

タバコをやめて、時間を有効に使えるようにもなりましたね。タバコを吸うために、1日のうち1時間とか1時間半とか、あるいはもっと使うわけです。その分の時間を、ほかのことに充てることができますよね。職場でも、タバコを吸っている人は、それだけの時間を使っているということですから。

僕がタバコをやめる前は、まだ今のように規制も厳しくなくて、職場でも自分の席でタバコが吸えました。まわりもみんな吸っていました。喫煙率が高い職場でした。タバコを吸っていた時も、気をつけていたつもりです。車の中では吸わない、歩きタバコはしない、携帯灰皿を持ち歩く、換気扇の下で吸う、とかね。でも、それも「つもり」でしかなかった。

――タバコをやめて、体調は良くなりましたか。

タバコをやめてもしばらくは体調不良が続きました。年に1、2回、急に気持ちが悪くなって、吐いたりもしていました。頭痛もひどかったし。それが、5年前に急性心筋梗塞になって、ステント挿入手術を受けてからなくなりました。心筋梗塞の薬と、やはりタバコをやめたことも大きかったんじゃないかな。

タバコと心筋梗塞

慎次　タバコと心筋梗塞の関連って、あるのかな。

寿美子　大ありだよ。タバコは動脈硬化を促進するんだって。心臓や首・脳・手足などの血管の硬化は、喫煙者の方が非喫煙者より強いこともわかっている。喫煙は、心筋梗塞など虚血性心臓病の重大な危険因子の一つなんだよ。

慎次　タバコを吸うことによる危険度はどのくらいになるのかな。タバコを吸わない人との差はどうなんだろう。

寿美子　米国のフラミンガム研究という有名な疫学研究によれば、喫煙者が虚血性心臓病や心筋梗塞になる危険性は、非喫煙者の2〜3倍で、突然死はなんと5〜10倍になるそうだよ。

「受動喫煙」って言葉、知ってる?

慎次　知ってるよ。本人は喫煙しなくても、身の回りのタバコの煙を吸わされてしまうことだよね。

寿美子　受動喫煙を防止するための条例を実施している欧米諸国では、急性冠疾病の発症率が条例施行後すぐに減っているそうだよ。

実際に、2004年にモンタナ州のヘレナで6か月間だけ有効な禁煙条例が施行されて、その前後と比べて心筋梗塞の入院が40%も減少した、という論文が、『ブリティッシュ・メディカル・ジャーナル』に掲載されたほか、欧米の法規制前後の調査では、ばらつきはあるものの心筋梗塞は減っていて、受動喫煙を法的に防止することで、心筋梗塞が19%減少すると分析している学者もいるんだって。

それにね、心筋梗塞だけでなく、タバコによって死亡する人は、日本では2007年の東京大学の渋谷健司教授らの発表によると12万８９００人、世界では２０１３年の発表で６００万人にのぼると、ＷＨＯ（世界保健機関）は警告しているよ。このまま増え続けると２０３０年にはタバコによる世界での死者数は８００万人に達する可能性があると言われている。

受動喫煙による死亡者数だってあなどれない。日本では年間1万５０００人、全世界で60万人以上もいる。全世界のうち16万５０００人は5歳未満の子供だと、ＷＨＯが２０１０年に報告しているよ。

日本だけみても、年間の交通事故の死者数が２０１４年中で４１１３人だから、受動喫煙による死者がいかに多いかがわかるよね。

慎次　受動喫煙で亡くなる人は、交通事故で亡くなる人よりはるかに多いんだ。それは知らなかった。それに、子供の死者数がそんなに多いとは、胸が痛むね。子供の受動喫煙は、大人の行動いかんで防げることだよね。タバコなんて、吸っている場合ではないね。

稲毛さんも、35年間吸い続けたから、心筋梗塞を招いたとも言えるわけだ。

寿美子　タバコをやめずに吸い続けていたら、もっと悪化していたかもね。

喫煙指数

寿美子　これはあくまでも目安の一つだけれど、「喫煙指数」というのがあってね、「ブリンクマン指数」とも呼ばれているよ。1日の喫煙本数×喫煙年数で表されて、400以上になると肺がんに対して厳重な注意が必要だと言われているんだ。稲毛さんのブリンクマン指数は、10本掛ける35年で、350になるよね。

　それよりも、稲毛さん、タバコを吸い始めたのが18歳というのが問題だね。20歳未満でタバコを吸い始めた場合、非喫煙者と比べて5・5倍も肺がんで死ぬ危険性があるんだって。

慎次　うへ。それ、まさに僕のことだ。僕は高校3年生の時、喫茶店で同級生が吸っているのを見て、テーブルにあったタバコをもらって吸ったのが最初なんだ。僕の場合、1日の平均喫煙本数を20本として、喫煙年数の23年間を掛けると…、うわ、460になっちゃうよ。

寿美子　喫煙指数は、400以上で肺がんに対して厳重な注意が必要になって、600以上で肺がん・肺気腫（COPD）の危険大、1200以上で喉頭がんの危険大とされている。喫煙者は一度自分の喫煙指数を計算してみた方がいいね。

　それから、スパイロメーターという計測器を用いた呼吸機能検査（スパイロメトリー）も受けた方がいい。一昨年、慎次が目いっぱい頑張ってみた結果、肺年齢は60歳の境界領域だったよね。その前の年は75歳だった。あれは少なからずショックだった。父のみならず、夫まで呼吸器系の病気で失うことになったら、耐えられないよ、私。

慎次　そんなふうに思っていたんだ。あ〜、なんでタバコなんて吸っていたんだろう。タバコには、「イコール肺がん」というイメージがあるけれど、全身の病気に影響があるんだね。

寿美子　そうだよ。『タバコは全身病　完全版』という本が少年写真新聞社から出ているくらいだよ。

タバコは全身病――●

慎次　タバコは全身病、か。なんだか怖くなってきたけれど、タバコを吸っていた時は、そんなことを考えもしなかった。

寿美子　冷静に考えたら、怖くてタバコを吸えなくなるよね。きっとタバコを吸っている人は、怖いから考えないようにしているのかもね。

喫煙者に多い病気は、統計学的にわかっているんだよ。肺・喉頭・舌・食道・胃などのがんは、タバコの煙が直接、あるいは唾液などに溶けて影響を及ぼしているし、口腔粘膜や肺から吸収された発がん性物質によって引き起こされると考えられているのが、腎臓がん・子宮頸がん・肝臓がん・骨髄性白血病などだって。

がんだけじゃない。心筋梗塞や狭心症などの心臓疾患、COPDなどの肺疾患、脳梗塞や脳萎縮・くも膜下出血・脳出血などの脳疾患、動脈硬化やバージャー病などの血管疾患のほか、歯周病や皮膚老化も引き起こす。

妊産婦の喫煙は、早産や胎盤の早期剥離・前期破水を誘発するそうだよ。

イギリスの男性医師3万4439人を対象とした追跡調査では、喫煙者は非喫煙者よりも、平均で10年も早く死亡する結果が出たんだ。

最近では、米国医学研究所（IOM）が、タバコを購入できる年齢を21歳以上にした場合、早産児が約28万6000人、低出生体重児が43万8000人減少すると見込まれる、と発表したよ。

慎次　喫煙者本人が病気になるのはまだしも、喫煙者の周りにいる人への受動喫煙による健康障害、自分ではどうすることもできない子供や赤ちゃんへの影響は、見過ごすことができないよね。

寿美子　タバコ企業は長いこと受動喫煙による健康障害に関しては、根拠が希薄だと言い続けてきたけれど、2000年代に入って次々と欧米で詳細な報告書が出て、受動喫煙も健康障害を引き起こすということが、科学的根拠をもって示されたんだ。

受動喫煙によって引き起こされる病気として、心筋梗塞や狭心症・肺がん・副鼻腔がんをはじめとして、胎児の成長阻害・乳幼児突然死症候群（SIDS）・小児の気管支炎や肺炎・ぜんそくなどが挙げられているよ。

タバコ煙は毒ガスと同じ――•

慎次　タバコは有害物質だらけだということ？

寿美子　タバコの煙には、現在、4000種類以上の化学物質が含まれていることが判明していて、そのうち有害なものだけでも200種類を超える。発がん性物質は、なんと70種類以上も含まれているんだって。

その中には、ヒ素やカドミウム・ホルマリン・ダイオキシン・ポロニウム210まで含まれている。しかも、タバコ煙の有害物質のほとんどは空気清浄機を素通りしてしまう。そのうえタバコ煙中のダイオキシン濃度はごみ焼却場のダイオキシン濃度と比べて3倍～18倍も高く、非常に高濃度で危険なんだ。

慎次　タバコを吸うことは毒ガスを吸うのと同時に、毒ガスをまき散らしているに等しいのか。

寿美子　それから、タバコの三大有害物質として、ニコチン・一酸化炭素・タールが挙げられるね。

慎次　それぞれ、どんな影響があるの？

寿美子　まずはニコチン。「毒物及び劇物取締法」に明記されている毒物で、毒性は青酸カリの倍以上であると言われている。1本のタバコには10～20ミリグラムのニコチンが含有されていて、乳幼児が誤ってタバコを食べた場合、ニコチンの致死量は10～20ミリグラムなので、1本でも死亡する可能性があるほど危険なんだ。

次に一酸化炭素。血液中のヘモグロビンと結合して酸素運搬能力を低下させて、全身的な酸素欠乏を引き起こす。

そしてタールは、喫煙時に有機物を熱分解した際に生まれて、その中にはベンゾピレンなど数多くの発がん性物質が含まれ、その多くはＤＮＡを直接傷つけるそうだよ。

慎次　それにしても、喫煙に危険性があることがわかっているのに、自民党の特命委員会は、成人年齢の引き下げとともに、飲酒・喫煙の禁止年齢の引き下げも検討していたんだよね。

寿美子　とんでもないことだよ。命や健康のことを考えたら、禁止年齢を引き上げてもいいくらいだ。

タバコをやめたら——●

慎次　ところで僕は、タバコをやめて何年になるんだっけ？

寿美子　今年で丸12年になるね。あのまま吸い続けていたら、どうなっていたかわからない。本当にタバコをやめて良かったよね。

慎次　矛盾するようだけれど、僕はタバコを吸い続けながら、ずっとタバコをやめたいと思っていたんだ。でも、やめられなかった。自分のためにはやめられないと思ったよ。

寿美子　そこに私が登場して、「タバコを吸う人とは一緒にいられません」と言ったわけか。

慎次　それは僕にとって死活問題だったからね、タバコをやめたんだ。

寿美子　病気になる前で良かったね。私の父のように、タバコを吸いこめなくなって病院に行ったらタバコ病でした、なんていうのは、悲しすぎる。

慎次　でも、タバコを吸っていたことによるリスクは、タバコをやめてからもあるんだよね？

寿美子　うん。禁煙してから10年以上経つと、肺がんの危険性は、禁煙を始めた時のほぼ半分になるんだ。それでも、そもそも喫煙者のもともとの危険性自体が高いから、10年経っても非喫煙者のレベルまでは下がらないそうだよ。

一方、タバコをやめれば余命が伸びるという報告もある。『米国における21世紀の喫煙の害と禁煙の利益』では、現在喫煙者は喫煙歴のない人と比較して平均余命は10年以上短かったんだ。でも、40歳までに禁煙すると、継続的な喫煙に関連する死亡リスクは約90％低下したんだって。

タバコは吸わないのがいちばん。そして、やめるのが早ければ早いほど影響も少なく、その効果もあるってことだよ。

慎次　本当に、あの時やめて、良かった。

エピソード 2

福島あづささん（仮名）74歳・女性

煙は人に迷惑を掛けているんです

最初にタバコを吸ったのは、弟と二人で、いたずら心からですね。24、5歳の時です。実家は商売をしていて、お客さんが忘れていったタバコをちょっと失敬して吸ってみたら、二人ともめまいがして、立ち上がれなくなったんです。「こりゃだめだ、こんなおいしくない物」とも思いました。それからしばらくは吸いませんでした。

当時は「女がタバコなんて吸うもんじゃない」と言われるような時代でしたから、その時まではタバコに興味を持ったこともありませんでした。

——それがまたどうして、タバコを吸い続けることになったのでしょう。

私が26歳くらいの時に嫁いできた義姉がタバコを吸っていたんです。女で一人だけタバコを吸うのが気が引けたのか、私、勧められてね。それから1日3本くらい吸うようになりました。最初は、美味しいと思わなかったから、吸いたいという気持ちもそんなになかったですよ。でも、だんだん本数が増えていって、3日で1箱くらい。コーヒーを飲んだ後とか、お食事をした後とかに吸いたくなるんです。最高に吸っていた時でも、1日10本くらいでしたね。

タバコをやめたのは、1988年でしたから、35年間くらい吸っていたことになります。親戚のお葬式で風邪をもらってきて、3、4日熱を出して臥せったことがあって。それが治ったらタバコを吸いたいという気持ちが起きなくなりました。

それまでは、タバコをやめたいと常々思っていたのにやめられませんでした。1回だけお正月から8月までやめていたのですが、当時いたアルバイトの子に、「あづささん、タバコっておいしいですよ。一口吸ってみなよ」と言われて、私ね、誘惑に負けちゃったんです。そうしたらまた後戻りですよ。

でもね、1988年の時はすんなりやめられて、それからはまた吸おうという気持ちは起こらないですね。それから、嫌になっちゃったのね、タバコの臭いが。

――それまではタバコの臭いは気にならなかったのですか。

いえいえ、人のタバコの臭いは気になりましたよ。ほかの人のタバコの臭いが嫌だから、自分も吸ったりしていました。タバコをやめたらもっと臭いが気になるようになったんです。

特に、ホテルで前に泊まった人が喫煙者だと、部屋が臭くて、本当に困りますね。今は禁煙タクシーが増えましたが、ドライバーの方が外でタバコを吸って臭いを車内に持ち込んだりしていると、ひどいですよね。

でも、タバコを吸っていた時は、タバコを吸うとなんとなく落ち着くというか、そんな感じがありました。あと、私、お通じがつかない体質だったんです。で、その時に、コーヒーを飲んでタバコを吸うと、排便がスムースにいくことがありました。

――ほかにも身近にタバコを吸っていた方がいらっしゃいましたか。

父は吸っていました。兄も。一緒にいたずらをした弟もヘビースモーカーになりました。夫も、1日4本くらいでしたが吸っていました。

父が吸っていたタバコの葉がとてもいい臭いで、父がいない時を見計らっては1本もらって吸っていたんです。気づかないと思って。そうしたら、わかっていたの、父は。ある日二人で喫茶店に入ったら、父が私にタバコを勧めたんです。私、その時、本当にびっくりして。でも、父からタバコをもらって吸いましたよ。

吸っていた時は、手持無沙汰を解消するというか、間が持つように思っていました。でも、吸わなくなった今、誰かとお話ししていて間が持たないと思うことはないんですよね。

――タバコをやめて良かったと思うことはありますか。

タバコの煙で人に迷惑を掛けなくなったことですね。タバコを吸っていた時から、人に迷惑を掛けているという自覚はありましたから。だから、人に煙を掛けないように、違う方を向いて、遠慮しながら吸っていました。でも吸いたかったんです。罪悪感を持ちながら吸っていたんですよ。それがニコチン依存だという感覚はありませんでした。

でもね、タバコをやめたら、体がなんだか軽くなったような気がしました。すっきりしたというか。罪悪感から解放された、気分的なものもあるのかもしれませんね。

タバコを吸う「きっかけ」1位は好奇心――●

慎次　最初にタバコを吸った時、僕もクラクラしたことを覚えている。それが気持ち良くて、タバコを吸うようになったんだ。

寿美子　肺から直接入ったニコチンは濃度が高くて、〝ｋｉｃｋ〟と呼ばれるほど衝撃的な刺激が脳にあるんだよ。

慎次　でも、タバコを吸い続けるうちに、最初のクラクラを感じなくなる。だから僕は、その刺激を求めて、重いタバコへと銘柄を変えていったんだ。

寿美子　それはニコチンに対する「耐性」ができたということ。そうしてどんどん吸い続けていくうちに、ニコチンが切れた時に「離脱症状」、いわゆる禁断症状が出て、吸いたくて吸いたくてどうしようもない状況が生まれるんだね。

慎次　福島さんがタバコを吸ったきっかけは、弟さんとのいたずらなんだね。

寿美子　「好奇心」、タバコを吸うきっかけで最も多いのがこれ。内閣府が平成20年度に、中高生を中心とする未成年者２０００人を対象として、インターネットを活用したアンケート調査をおこなっている。それによれば、喫煙経験者１９７名の複数回答のうち、「好奇心から」が最も多くて74・６％、「友人や仲間のさそい」が55・８％で、「先輩のさそい」や「かっこいいから」、「イライラしたから」などのほかの理由は１割に満たなかったんだって。

子供の喫煙に甘い日本の大人

慎次　福島さんがタバコをくすねていたことを、お父さんは知っていたんだね。

寿美子　福島さんは成人していたけれど、未成年者の喫煙の場合、１９９６年の内閣府の親子調査によると、子供本人が喫煙者だと回答していても、親は自分の子ども「だけ」は喫煙者でないと思い込んでいること、それが特に父親で、女子の親で顕著であること、子供が喫煙していてもあまり叱らないことなどが明らかになっているよ。

それから、喫煙が習慣化する前の子供が吸うタバコの供給源は、大人のタバコなんだ。でも、日本の大人はこれがいかに重大なことかを認識していることが少ないんだって。

慎次　父親には、娘の喫煙を認めたくない気持ちがあるのかな。それとも、「女はタバコなんて吸うもんじゃない」という概念が日本ではいまだにあるのかな。

寿美子　そうかもね。欧米の男女別喫煙率は、性差による差がほとんどないのに対して、日本は20ポイント以上男性が多い。韓国・中国でも同様の傾向がより強くて、韓国は30ポイント以上、中国は50ポイント以上男性が多い。これは儒教の影響を受けているのかもね。

タバコは美容の大敵——●

慎次　福島さんはこの本に登場する唯一の女性元喫煙者なんだよね。じゃあ、女性と喫煙のいろいろな関係について、もっと教えてくれない？　例えば、女性にとっては、ダイエットを目的にタバコを吸う人がいるということも聞くけれど。

寿美子　ああ、よく聞く話だね。さきほどの内閣府の平成20年度の調査でも、タバコを吸う理由に、女性だけが「ダイエットのため」と答えている。全体のわずか1・0％だけれど。

でもね、「タバコを吸うとやせる」というのは嘘で、むしろ喫煙者はメタボリックシンドローム（内臓脂肪型肥満に高血糖・高血圧・脂質異常症のうち二つ以上を合併した状態）になりやすいという研究報告さえ出ているんだよ。しかも、喫煙者のリスクは、非喫煙者の1・37倍～3・4倍に高まるんだ。

さらに問題なのは、受動喫煙によって周囲の非喫煙者もメタボリックシンドロームの合併率が上昇することだね。

慎次　えっ、そうなの？　受動喫煙で周囲の人までメタボに巻き込むのか。タバコって怖いね。それにタバコは美しくなりたい人にとって、とても美容に悪そうだよね。

寿美子　タバコと美容の関係については、「タバコは美容の大敵！」というサイトで詳しく知ることができるよ。ここでは、簡単にその内容を紹介させてもらうことにしよう。

まずはニコチン。血管を収縮させて血行を悪くする。タバコを吸うと、皮膚温度が低下して血流が悪くなり、新陳代謝も低下する。

次に、ビタミンCの破壊。タバコ1本で25～100ミリグラムものビタミンCが破壊されるんだって。タバコを2本吸っただけで、1日の必要量がなくなる計算だよ。

慎次　えっ？　2本吸っただけで1日分の必要量がなくなるの？　じゃあ、喫煙者はビタミンCが恒常的に不足している可能性が高いんだね。ビタミンCが不足するとどうなるの？

寿美子　しみ・そばかすなど色素沈着を起こしやすくなるうえに、肌のハリ・ツヤが失われて、しわも出来やすくなる。抗酸化作用も失われて、老化の原因にもなるそうだ。

それから、体をさびさせると言われている活性酸素も増加する。活性酸素は皮膚の老化の原因になるだけでなく生活習慣病の原因にもなって、細胞内のＤＮＡを傷つけることでガン細胞に変異することもあるんだよ。

慎次　知れば知るほど恐ろしくなってきたよ。

寿美子　あとね、慎次と最初に会った時にとても印象的だったのが、唇の色。紫色だった。それがタバコをやめてほどなく、唇に血色が戻ったことは、強く記憶に残っているよ。

慎次　そうなの？　自分じゃあ、全然気がつかなかったけどね。

寿美子　唇の色が紫色になったり黒ずんだりするのは、「ブラックリップ」と言うんだって。

慎次　そう言えば、僕がタバコを1日60本吸っていた時、職場の同僚から「不健康オーラ」が出ていると言われたことがあるね。

寿美子　アハハ。上手いことを言ったものだね。その後私と知り合ってタバコをやめたら、今度は別の同僚から「小奇麗になった」と言われたんだよね。

慎次　そう。「あれ、荻野さん、久しぶりに会ったら、小奇麗になりましたね」だって。じゃあ以前は小汚かったのかよって、ちょっと心外だったな〜。

寿美子　はは〜ん。やはりタバコを吸っている時は、自分をなかなか客観視できないものなんだね。タバコを吸っていた時の慎次は、不健康オーラも出まくっていたし、小汚いというか、よれてくたびれた感じがしたね。

「小奇麗になった」と言われたことと、タバコをやめたことは、関係性が全くないとは言えないよ。タバコに含まれる暗色のタール成分は、肌の色を悪くしたり、毛穴に付くことで黒ずみの原因にもなるんだ。タール（ヤニ）は歯について口臭の原因にもなっているそうだ。

慎次　僕は顔色が黒ずんで紫色の唇をした、臭くてくたびれたお兄さんだったわけだ。

寿美子　お兄さんは言い過ぎ、もうおじさんだったでしょ。

タバコは老化促進サプリメント

寿美子　この前ＮＨＫの『ためしてガッテン』という番組を観ていたら、アディポネクチンという物質には「長生きホルモン」と呼べるような性質があると放送していたよ。それは誰の体内にもあるけれど、極端に少ない人に、ある傾向があったんだ。なんだと思う？

慎次　わかった！　タバコを吸っていたんだ。

寿美子　正解！　その人たちは、喫煙者だったんだよ。タバコと美容の関係について詳細な情報が得られる前出の『タバコは美容の大敵！』では、タバコを「老化促進サプリメント」と、皮肉たっぷりに言ってた。

慎次　すごいね。「老化促進サプリメント」か。老化だけでなく、病気も促進するよね。たとえタバコを吸ったことで、たまたまやせたり排便がスムースにいくようになったとしても、タバコを吸うこと自体が健康的なことではないから、最善の手段ではないってことだね。

食事を見直したり、運動をしたり、朝起きたら白湯を飲んだり、方法はいくらだってあるのに、それを選択せずに、ニコチンの魔力で目の前にあるタバコを選んでしまうんだね。タバコなら、手っ取り早いし、苦もなくできるからね。

寿美子　でも、タバコを選んだら、将来にはとんでもない苦しみが待っている。

慎次　喫煙者はその真実を知らないか、そこから目を背けているってことか。

タバコをやめたら、小汚かった僕でも小奇麗になれたんだから、タバコを吸わないでいれば、みんなはもっともっと健康的に美しくなれるはずだよね。

エピソード3 喫煙者の父が肺がんに

佐上泰貴さん（仮名）58歳・男性

タバコを吸い始めたのは19歳の時、かっこいいなと思って、自分から吸い始めました。当時は、タバコを吸うポーズを考えて研究したり、映画を観て俳優さんがどんな吸い方をするのか観察したりしていました。

母親は喫煙者でしたが、私が中学生だった時に亡くなりまして、父親はずっとタバコを吸っていました。姉もタバコを吸っていましたが、心臓の血管が詰まりかけて、今はやめています。

――ご両親ともに喫煙者だった。

ええ。母は看護師でした。その昔は、看護師は患者さんから結核が移らないように、みんなタバコを吸っていたそうです。

――タバコを吸っている期間に、禁煙しようと思ったことはありますか。

ありますよ。その時は、私が禁煙していることを知って触発された人がいて、一緒に禁煙したんです。でも、10日目ぐらいにその人から「やっぱり僕は駄目だ。意を決してタバコを吸うことにしたから、お前も1本付き合ってくれ」と言われて、それに付き合って1年間の禁煙が駄目になってしまったんです。その1本が駄目なんですね。

――禁煙したきっかけは何ですか。

僕が37歳の時、父親が肺がんになりまして、なんとか救ってあげようと思ったんです。タバコが主たる原因だったと思います。父にがんだと言えなくて、とにかくタバコだけはやめようと。咳がひどい状態でしたから。「医者もやめろと言っているよ。僕も一緒にやめるので、タバコをやめようよ」と言って、父と一緒にやめたんです。

父は生きようという意思が非常に強かったですから、すんなりやめてくれました。余命半年と言われていましたが、2年頑張りました。もちろん父は亡くなったのですが、私はそれからタバコを吸っていません。やめましょうと決めたら、難なくやめられました。スパッと。

——今タバコを吸わなくなって、吸っていた時のタバコの魅力とは何だったと思いますか。

タバコを吸う人同士でコミュニケーションをとっていると思っていましたが、それがなくなった今、必要だとは思わないんですよ。今は職場に喫煙室があって、タバコを吸いに行って帰ってくるのに、10分以上かかっていますよ。時間的な制約はないので、あれはすごいロスですね。1日に5本吸うだけでも50分でしょ。不公平じゃないですか。すごくそう思いますね。

私がタバコを吸っていた時は、社内の喫煙率も高くて、職場で平気で吸っていました。机の上に灰皿があって、机の上に背広を置いていて、間違えてタバコで背広に穴を開けたり。ひどい、劣悪な環境で仕事をしていました。受動喫煙でずいぶん体を壊したりした人もいるんじゃないかと思います。ひどい時代だったと思います。

私は、口寂しい感じや手持無沙汰を解消するために、タバコを吸っている感じでした。

タバコをやめてからは、タバコの臭いがすごく気になります。電車でそばに座った人のタバコの臭いとか、ご飯を食べている時にタバコの煙が来たりすることとか。自分がタバコを吸っていた時はそういうことを平気でしていたのか、と思うと恐ろしくて。

——身近な人にタバコをやめてほしいと言われたことはありましたか。

37歳でタバコをやめるまで、誰かにタバコをやめてほしいと言われたことはありませんでした。でも、家内が嫌がっていたのは知っていたので、換気扇の下やマンションのベランダで吸って、部屋の中では吸わないようにしていました。今考えると、もっと早くやめてあげれば良かったと思います。

私としては、どうしても一緒に店に行かなきゃならない相手が喫煙者で、我慢をして仕方なく行くこともあります。そういう時は、「こいつはおれが肺がん患者だって知っていて、よく目の前でタバコを吸えるよな」と思ったりもしますよ。

実は私、2013年の2月末に肺がんで肺を取ったんです。その2か月前に家内を亡くしていまして、家内は悪性リンパ腫だったのですが、入院している最中に私の検査結果が出てきました。家内が亡くなって1か月後ぐらいに再検査をしたら、悪性と言われて。もうこれは、将棋で言えば詰みだな、と思いました。

父親のことがあったので、健康診断のオプションでCTが可能になった時から、毎年CT撮影はしていました。もしタバコを吸い続けていたら、多分こんなものでは済まなかったでしょうね。もっと早く、ほかの部分でも体を傷めていたかもしれません。父が救ってくれたのかな、という感じはすごくしています。お医者さんにも、「命拾いしたね」と言われました。タバコを吸う人は、X線検査だけでなく、CT撮影をぜひしてほしいと思います。

――将来的に、タバコはどうなっていくと思いますか。

日本はタバコの値段が安すぎます。一箱3000円とか4000円なら、子供たちの手の出ない値段だし、子供たちが吸えなくなるでしょう。

社会保障費の問題、健康の問題もある程度解消されるのではないでしょうか。タバコの自動販売機もなくなって。いいことづくめのような気がします。たばこ税なんて、たかが知れていますから。多分、今1箱400円のタバコが4000円になって、タバコを吸う人が10分の1になっても税収は減らないと思いますよ。

――タバコをおやめになって、思うところはありますか。

私には娘が二人いますが、下の子が1歳になるかならないかという頃に咳が出て、お医者さんに連れて行ったら、「あなた、タバコを吸うんでしょ。絶対にやめなさい。この子に咳が出ているのは、いちばんの原因はタバコだと思うよ」と言われたことがあります。でも、やめようとは思わなかった。子供の前で吸わなければ、煙さえ行かなければ大丈夫だと思って、換気扇の下で吸っていたのを、ベランダで吸うようにしました。その時はやめられなかった。

今から思うと、タバコを吸っていて良かったことなんて、何一つありませんね。タバコがなくても人と人はつながれるし、タバコがなくても大丈夫。なのに、その当時はタバコを必要だと思い込んでいた。その必要としていた自分を、全否定したいですね。全然必要じゃないんですから。タバコをやめて良かった。

病気になってもやめられないタバコ――●

慎次　佐上さんは、肺がんになったお父さんにタバコをやめさせるために、ご自身も一緒にタバコをやめたんだね。

寿美子　病気になっても、なかなかタバコをやめられずにいる人が多いそうだけれど、一緒にやめるというのはいいアイデアだよね。お父さんもタバコをやめて、余命半年と言われていたところ、2年頑張られたというのだから、佐上さんは親孝行をしたことになるね。

１９９０年代に胃がん・口腔がん・咽頭がん・喉頭がんと診断された喫煙者１８２人のうち46％は、診断から1年以上たった時点で喫煙していたという、大阪府立成人病センターの調査結果があるよ。肺がんで手術を受けた喫煙者でも、半数が再びタバコを吸い始めたという調査結果もあるくらいだよ。

慎次　病気になってもやめられないということは、タバコは相当依存性が強いんだね。

寿美子　そう、ニコチンの依存性は麻薬並みだと言われている。だから病気になっても、なかなかやめられない人がいるんだね。

２０１５年12月23日付の「毎日新聞」によると、がん経験者が喫煙することで、再びがんを発症するリスクは非喫煙者の２・５倍になると、山形大学医学部が発表しているよ。

慎次　ふ～ん。一度がんになった人は、完全にタバコをやめないと、自分の身に及ぶ危険が増幅されるということだね。

昔はタバコを吸えば結核にかからないと言われていたようだけれど、それは本当なの？

寿美子　喫煙は、免疫力に関係なく死に至るような肺結核感染を促すことが、英国の研究で明らかになっているよ。先進国では、タバコ病死亡者の多くは肺がんだけれど、発展途上国のインドでは、毎年20万人が喫煙結核死している。２００３年の調査では、インドのタバコ病死亡者の半数に結核があって、喫煙者の結核は非喫煙者に比べて4倍も多いことがわかったんだ。

香港大学がおこなった大規模調査では、受動喫煙による影響も明らかにされている。

小児結核についても家庭内受動喫煙によって5・39倍かかりやすくなることが、１９９６年のスペインの研究で立証されているよ。

慎次　え〜、じゃあうそだったんだね。昔は良いと言われたことでも、誤りが医学的に立証されてきているんだね。

医療従事者の喫煙

慎次　今は喫煙のリスクが医学的に立証されているわけだから、医療従事者でタバコを吸っている人はいないはずだよね。どうなんだろう。

寿美子　日本医師会は4年ごとに喫煙率の調査を実施しているよ。2000年の時点では男性医師27・1%・女性医師6・8%だったのが、2012年では男性医師12・5%・女性医師2・9%と低下している。とはいえ、まだ吸っている医師はいるんだね。

看護師の喫煙率も、「2013年看護職のたばこ実態調査」によれば、7・9%（女性7・2%、男性29・5%）だったとか。

慎次　僕としては、タバコを吸う医療従事者がいること自体、納得がいかないな。

寿美子　私もそう思う。でも、現実には、男性看護職の3人に1人が喫煙者なんだね。2013年の成人男性の喫煙率は32・2%で、看護職だから喫煙率が低いとは言えないね。むしろ、タバコの害を理解している立場にある医療従事者の喫煙率は、高いと言わざるを得ないよね。

ルイジアナ州アレクサンドリアのある病院では、２０１２年7月から煙の臭いがする従業員は働くことが許されなくなったんだ。三次喫煙は幼児の発育過程の脳に危害をもたらすという説があって、ルール上禁止となったそうだよ。

慎次　三次喫煙？

寿美子　喫煙後の残留物から有害物質を吸入することで、近年特に問題視されているんだ。残留受動喫煙とも、サードハンドスモークとも呼ばれている。

タバコを吸い終わった後の衣服や髪の毛が臭うのは、有害物質が付着して残っているからなんだ。近くでタバコを吸わなくても、タバコを吸った人が近くに来れば、そこから揮発した有害物質を吸いこむことになる。タバコを吸っていた場所でも、カーペットや壁紙、ソファやカーテンなどに有害物質が付着し、時間が経ってもそこから有害物質が揮発し続けて、それらを吸いこむことになるんだ。それが三次喫煙だよ。

慎次　病院自体は敷地内禁煙でしょ。

寿美子　それが、そういうわけでもないんだよ。ベッド数が20床以上の国内すべての約８５０0病院のうち、受動喫煙を防止するため建物を含む敷地内を全面禁煙としているのは51％にとどまることが、厚生労働省の２０１４年の調査でわかったと、２０１５年12月2日付で「東京新聞」（ＴＯＫＹＯＷｅｂ）が報じているよ。

建物内だけを禁煙としているのは32％。残りの14％も喫煙場所を限定するなど何らかの対策を取ってはいるものの、何も措置を講じていないと答えた病院も0・2％、14病院あるよ。患者の健康をサポートする立場の医療でさえ、受動喫煙対策は進んでいない。

ベッド数19床以下の一般診療所約10万施設は、「敷地内の全面禁煙」が約3万施設で、「建物内の全面禁煙」が約5万1000施設、喫煙場所の設置が約8000施設、措置を講じていないのは約2000施設もあったんだよ。

でもね、病院の敷地内禁煙にも、思わぬ弊害があるんだって。私がお世話になった医師が話していたけれど、病院を敷地内禁煙にしたら、患者や病院関係者が病院の隣接地でタバコを吸うようになってしまって、近隣から「お宅の患者や職員が家の前でタバコを吸う。なんとかしてほしい」と苦情が来たそうだよ。

慎次　敷地内禁煙になっても、どこかに出掛けて行ってタバコを吸わなければいられないほど、タバコはやめにくいんだね。

恐るべし、ニコチンの魔力――●

寿美子　すべてはニコチンの魔力・依存性にあるんだよ。タバコを吸うと、ニコチンは直接動脈血（肺で酸素を取り入れた血液）に入って、脳に達するまで6〜7秒しかかからないんだ。

脳に達したニコチンは神経に作用して、スッキリした感じ（覚醒作用）や昂揚感（興奮作用）とともに、緊張が緩むようなリラックスした感じ（鎮静作用）だったり、満足感や陶酔感まで与えてしまう、麻薬と同じ作用がある。それが、喫煙を続けていると、体が慣れるにつれてニコチンの効きが鈍くなるから、タバコを頻繁に吸わないとならなくなる。こうして、常習喫煙者になるんだね。

しかもニコチンには離脱症状（禁断症状）があるから、ニコチンを摂取できないと頭がぼんやりしたり、イライラしたりしてしまう。ぼんやりしたりイライラするのを取るために、またタバコを吸う。これでニコチン依存症の出来上がりだよ。

厚生労働省による2003年の「国民健康・栄養調査」によれば、現在習慣的に喫煙している人のうち、タバコをまったく吸わずに1日過ごすことが「とても難しい」と回答した人の割合は、男性で47・1％、女性で35・3％。「難しい」と回答した人を合わせると、男性で86・6％、女性で80・9％にも達しているとか。

慎次　「タバコは嗜好品です」とは日本たばこ産業株式会社（以下、JT）の常套句だけれど、嗜好品だなんてとんでもない。麻薬だよね。しかも、他者に害を及ぼす麻薬だ。

寿美子　そうだよね。受動喫煙の問題は、喫煙者本人に及ぶ被害より、ずっと深刻だと私は考えているよ。望まない物を吸わされた害だもの。喫煙者も、害を望んでいるわけではないと思うけれど。

慎次　佐上さんは、お嬢さんに咳が出た時、医師に指摘されてもタバコをやめられなかったんだね。

寿美子　そう。佐上さんも、お父さんの時は進んでやめる選択ができたのに、どうしてお嬢さんの時にはやめられなかったのかと話していらした。

オウチーノ総研が２０１４年12月に、子供がいる20～39歳の既婚男女６６２人を対象に「子育てと喫煙」に関するアンケートをインターネットで実施したところ、子供がいる既婚者の男性41・６％、女性21・２％がタバコを吸っていたんだ。「吸う」と答えた人に、子供の前で吸うかを聞くと、男性の21・０％、女性の30・０％が「構わず吸う」と回答している。「子供の受動喫煙は気にしますか？」という質問には、男性の47・３％、女性の41・２％が「気にしない」と答えているよ。

私は小さい頃、冬になると気管支炎と肺炎を繰り返し発症するような、体の弱い子供だった。父のタバコによる受動喫煙が、原因のかなり大きな割合を占めていたと今では思っているけれど、40年前にはそれを指摘する医師もいなかった。家族からは「どうしてこの子はこんなに病弱なんでしょうね」なんて言われてさ。自分でも情けなかった。

慎次　僕の父は、僕が喘息気味だったから、タバコをやめたよ。

寿美子　すごい！　えらい！

慎次　すごくもないしえらくもない父だったけれど、そこだけは褒められるか。

寿美子　私の父は開き直ったもの。「俺のどこが迷惑なんだ」って。挙句の果てには「俺は酒とタバコで死ねるなら本望だ」でしょ。本人はそれでいいかもしれないけれど、周りはたまったものではない。他者への視点、ゼロだよね。あ、だからタバコを吸い続けていられたのか。

慎次　僕もそうだったけれど、喫煙者って基本的に自分勝手だよ。理性を押しのけてでも「ニコチンの快感」を求めてしまうんだね。ほかの人の健康を害していることに気づかないか、気づいていないふりをしているかだよ。

エピソード4 松前遼二さん（仮名）59歳・男性

1箱1000円とか2000円にすればいい

タバコを吸うきっかけは、高校を卒業する間際に担任の先生の家に行って、そこにいた何人かが吸っていて、勧められました。先生も喫煙者でした。最初に吸った時はまずくて最悪でした。大学に入ってから、みんなが吸っているので吸い始めましたが、チェーンスモーカーは働くようになってからです。実家に帰ってタバコを吸うと、「燻製になる」と、文句を言われたことを覚えています。親は二人ともタバコを吸わないので、吸わない人にはそう感じるんだと、タバコをやめてからわかりました。

——量が増えたのは仕事をするようになってからですか。

そうです。いちばん吸っていた時は、日中に2箱。飲んで、麻雀して、全部で4箱。当時はね、タバコを吸うでしょ、消すでしょ、と、もう次のタバコに火が点いていました。

――タバコをやめるきっかけは、お子さんが生まれるからだと伺いましたが。

まあそれもきっかけかもしれません。もっと言うと、タバコを吸っている時に、「うっ」となる状況がありました。朝、歯磨きの時に歯磨き粉で「うっ」となる。

――えっ、あれはタバコを吸っているからなるんですか。私の父も、歯磨きをしながら「おえっ」とか「うっ」とか言っていて、おじさんになるとみんなそうなるのかと思っていました。

違う、違う。あれはタバコです。タバコをやめるのは簡単で、「うっ」となるところまでいけばやめられるんです。コーヒーの香りに「うっ」、カレーの香りで「うっ」。それが、子供が生まれるということもあって、ちょうどいいタイミングでした。それ以来、タバコは吸っていません。

――ということは、ある日を境に何十本も吸っていたのが、ゼロ本になった。

そうです。減らしていくことはできないですね。吸うか、やめるか、はっきりしないと。

――タバコを吸っていた時、タバコによるメリットはありましたか。

イライラするのを抑えられるとか。

――でも、今、吸わなくなってイライラしていますか。

全然。吸っている時は、タバコがないと落ち着かないんです。でも、タバコを吸わなくなった今、タバコがないからイライラするということはありませんね。

今やめてみて、隣でタバコを吸われるとむかつくんです。吸っていた時は、なんとも思わなかったし、こっちがタバコ臭いことに関して気遣いもしませんでした。昔は吸っていない人も、なにも言わなかった。気にならないから言わないのだと思っていました。

今、タバコを吸っている社員は2、3割でしょうか。ちょっと観察していると、喫煙室に10分とか20分行って戻ってくる。会社として見れば、タバコを吸っている人は、働いていない人。どうして同じ給料なんだと思います。

それから、会社で喫煙室にたむろしている人に言わせると、ああいう所で吸っていることに恥ずかしさなんて全然感じていないみたいで、むしろ他部署の人と意見交換ができると言うけれど、タバコを吸わないからといって、他部署の人と意見交換ができないわけはないんです。タバコを吸っている人が、頑なにそう思っているだけですよ。

今、タバコを吸っていた時のことを思うと、ひどいことをしていたなと本当に思います。でも、当時は人がどう思おうと関係ありませんでした。

――タバコをやめて、何か変化はありましたか。

コストが掛からなくなりました。私がタバコを吸っていた当時は、だいたい1箱200円で、4箱吸ったら1日800円。それが1か月で2万4000円。これは大きい。よくそんなにタバコにお金を掛けたものだと思います。

それから、食べ物がおいしく感じるようになりました。お酒の量は増えましたが。

あと、タバコをやめて気がついたことは、臭いです。電車で、隣に喫煙者が来るとすぐわかるし、とても不愉快です。前に歩きタバコの人がいると、走って追い越します。風向きが自分の方に来ていると、もう大変。自分が吸っていた時は、歩きタバコもポイ捨てもしていました。その時は、悪いと思っていなかったんです。

――タバコの将来はどうなると思いますか。

日本では、公共の場所がすべて禁煙になるとは思えませんが、思い切りタバコを値上げすればいいのではないでしょうか。1箱1000円とか2000円にすれば、やめる人はいっぱいいると思います。吸う人は減っても、税収は減らないと思いますよ。

中央区や千代田区は路上喫煙禁止ですが、朝とか人の少ない時に吸っている人がいるんです。取り締まっているところを見たことがないし、過料が安い。どんどん取り締まって、人目に曝していけば、減っていくと思います。

喫煙所の仕組みも工夫してほしいですね。喫煙所から出てきたらタバコの臭いを振りまくようでは駄目。

タバコ問題に関しては、東京オリンピックに向けて、チャンスかもしれませんね。

――タバコを吸っていた時、タバコに魅力はありましたか。

タバコの魅力はないです。

――え？　それならなぜ吸い続けていたのでしょうか。

習慣だから。美味しくて、吸いたくて、吸っているわけじゃないんです。

それと、タバコを吸っている時の間が必要でした。お酒やコーヒーを飲みながらタバコを吸うと、間ができるんです。タバコをくゆらしている時の間は、けっこう大事でした。

——では、タバコを吸わなくなって、その間をとれなくなったわけですよね。つらいですか。

全然。

喫煙者は臭い——●

慎次　これはこれは、1日4箱という人が登場とは、1日3箱の僕もびっくり。

寿美子　私の父も飲んで麻雀をしていたから、そのくらい吸っていたのかな。私は実家にいた時、父のワイシャツにアイロンをかける役目だったけれど、父が麻雀をしてきた時に着ていたワイシャツは、洗濯した後でもわかるくらい臭かった。

慎次　タバコを吸っていた時、僕も臭かったのかな。でも、誰も臭いとは言わなかった。

寿美子　臭いと言われなくても、臭かったに決まっているじゃない。慎次だって、タバコをやめた後に自分のバッグの臭いを嗅いで、思わず「オエーッ!」と言ったでしょ。持ち物でさえそうなのだから、タバコを吸っている主体が臭くないわけないじゃない。

松前さんも、吸っていない人が何も言わないのは、気にならないから言わないと思っていたみたいだけれど、これは喫煙者の大いなる勘違い。それは社会的な関係性のなかで、なかなか言えないことだと思うよ。私は父に、「臭い！」と言えたけれど、同じ職場の上司には言えなかったな。ひたすら耐えていたことを覚えているよ。

慎次　へ〜、寿美子でも言えなかったんだ。

寿美子　それ、どういう意味！

飲食店で食事をしている時でさえ、タバコを吸わないでくれと見ず知らずの人に言うのは簡単なことではないよね。それが、毎日のように顔を合わせて、しかも仕事をしなければならない相手に対して、タバコについて意見を言うのは容易なことではない。下手をしたら、ものすごく関係性が悪化することにもなりかねないからね。

本当に、職場での受動喫煙はつらかった。特に会議の時、狭い会議室でタバコを吸われると、喉や頭が痛くなって、会議が終わった時はまるで自分が喫煙者になったかのように、髪の毛や服からタバコの臭いがしたよね。

健康増進法の施行

慎次　職場で好き勝手にタバコを吸えなくなったのは、いつ頃からなんだろう。

寿美子　はっきりと「いつ」というのは私も知らない。でも、国民への栄養改善や健康の維持・増進を図ることを目的として、2000年3月に厚生省（当時）が開始した「21世紀における国民健康づくり運動（略称・健康日本21）」の裏づけ策として、2003年に健康増進法が施行されたことで、一気に進んだのではないかな。

健康増進法第25条では、多数の者が利用する施設の管理者に対して、受動喫煙を防止するために必要な措置を講ずるよう求めている。罰則こそないものの、努力義務を負う必要があるとしている。また、厚生労働省健康局長の通知として出された「受動喫煙防止対策について」では、多数の者が利用する公共的な空間については原則として全面禁煙であること、特に、屋外であっても子供の利用が想定される公共的な空間では受動喫煙防止のための配慮が必要であること、少なくとも官公庁や医療施設においては全面禁煙とすることが望ましいこと、などが示された。

慎次　もしかして、駅でタバコを吸えなくなったのもその頃なのかな。

寿美子　そうだね。関東地方だと、大手私鉄と新京成電鉄・北総鉄道は、健康増進法が施行された２００３年に喫煙場所を全廃して駅構内を禁煙としている。ＪＲ東日本は、２００９年３月に首都圏の一部駅のホーム上喫煙コーナーを廃止、その年の４月には所定喫煙ルームを除いた駅構内すべてを禁煙、10月には首都圏内禁煙区域を拡大しているよ。

慎次　なんだかんだ言って、お上から言われればやるってことか。

寿美子　駅や病院・学校・体育館・劇場・集会場・百貨店・官公庁施設などでは、全面禁煙に向けて効果があったようだね。でも、飲食店やホテル・旅館などの宿泊施設などは分煙が主流だし、飲食店では分煙さえされていない所もまだまだ多いよね。

飲食店や宿泊施設の受動喫煙対策――●

慎次　飲食店での分煙は、効果があるのかな。ただ場所を分けただけでは全く意味がないことがわかるけれど、喫煙室を設けている場合はどうなのだろう。

寿美子　ＷＨＯが２００７年に出した「受動喫煙防止のための政策勧告」によると、受動喫煙の被害を防ぐには、完全禁煙を実施する以外の方策はない、分煙ではできないとしているよ。換気系統が別であろうとなかろうと、換気と喫煙区域設置によって受動喫煙をなくすことはできないし、おこなうべきでないともね。
たとえ喫煙室の構造を工夫したり、排気を屋外にしたとしても、扉の隙間や出入りする際の扉の開閉、喫煙していた人の呼気や衣類や髪の毛に付着した残留物質の放出によって、禁煙区域も汚染されてしまうからだね。
大気中に浮遊する微粒子のうち、粒子の直径が概ね2・5マイクロメートル（㎛）以下のもののことで、微小粉塵とも呼ばれている近年話題のPM2・5は、肺胞まで入り込むと言われている。中国の大気汚染中のPM2・5が、日本に流れて来る来ないで大騒ぎをしているけれど、最も身近にあって、PM2・5に曝される機会が多く、また、その濃度が高かったのは、何だと思う？

慎次　そう聞かれるということは、タバコなの？

寿美子　そう。自動車の排気ガスによる大気汚染より、屋内での喫煙の方が問題なんだよ。PM2・5による空気の質が全く問題なかったのは完全禁煙の場所だけで、喫煙可能な飲食店のPM2・5を測定すると、1立方メートル当たり数百マイクログラムにもなるとの報告があるよ。
国の環境基準が1日平均で1立方メートル当たり35マイクログラム以下なので、これは緊急事態に匹敵するほどの汚染濃度の値。そこを多くの人に理解してもらいたいけれど…。

慎次　ＪＴは完全禁煙にされると困るから、分煙でも大丈夫と言わんばかりのＣＭをじゃんじゃん流しているのか。しかも、飲食店をモデルにして。あれを見ると、飲食店経営者でなくても、分煙すれば問題ないと思っちゃうよね。

寿美子　そこが生き残りをかけたＪＴの目指すところだろうね。ＪＴは分煙を推進する「分煙コンサルティング活動」を積極的におこなっていて、分煙コンサルタントを飲食店やオフィスに派遣しているんだよ。

完全禁煙にすると喫煙者の顧客が離れて売り上げが減ると頑なに思い込んでいる飲食店経営者の所に分煙コンサルタントが来て、ＪＴの進める分煙ならば問題はないと懇切丁寧に説得されたら、分煙導入に傾くよね。

慎次　数字から見ても、喫煙者より非喫煙者の方が圧倒的に多いのに、喫煙者のお客を守る方向に動くのか。

寿美子　知人が話していたけれど、喫煙者はお店に対して、タバコに関する行動を積極的にとるんだって。例えば、灰皿が置いていない場合、「灰皿ちょうだい」と言ったり、禁煙店に対しては、「なんだ、タバコ吸えないのか」と文句を言ったりね。

でも、それに比べるとタバコを吸わない人はなかなか行動に表す人が少ないらしい。だから、飲食店としては、行動に表れる喫煙者のお客が多いように勘違いをしてしまうんだって。

それを避けるためにも、タバコを吸わない人はお店に対して、「禁煙で良かった」とか、「安心して食事ができた」とか、意思表示を積極的にしてほしいそうだよ。

慎次　飲食店や宿泊施設の禁煙化の障壁は、喫煙者のお客が離れてしまうことによる売り上げ減の恐怖か。

寿美子　それはね、一斉に完全禁煙化することで解消されると私は考えているけれど。

慎次　たしかに。一斉なら、あっちの店にお客をとられやしまいかって心配はなくなるね。でもそんなにうまくいく？

寿美子　いかないだろうね。でもね、世界的に見たら、イタリア・ノルウェー・アイルランドなど、飲食店の禁煙を実行している国や地域はある。もちろん、そこは行政が主導しているのだけれど、その気になればできるんだ。

禁煙ではない飲食店や宿泊施設は、お客のみならず従業員に受動喫煙をさせていることになるわけだから、経営者は従業員の健康を守るためにも禁煙を進めてほしいし、行政は反発を恐れず迅速果断に対処してほしいよね。

職場での受動喫煙対策

慎次　飲食店従業員の受動喫煙の話が出たけれど、職場での対策はどうなっているんだろう。

寿美子　厚生労働省は２０１３年に、常用労働者10人以上を雇用する民営事業所のうちから無作為に抽出した約１万３０００事業所を対象に「労働安全衛生調査（実態調査）」をおこなっている。

これによると、受動喫煙防止対策に取り組んでいる事業所の割合は85・６％（２０１２年調査81・８％）で、事業所規模別にみると、50人以上のすべての規模で９割を超えていて、最も低い10～29人規模の事業所でも８割を超えているんだって。

受動喫煙防止対策の取り組み内容としては、「事業所の建物内全体（執務室、会議室、食堂、休憩室、商談室など含む）を禁煙とし、屋外のみ喫煙可能としている」が37・０％（２０１２年調査37・９％）で最も多く、次いで「事業所の内部に閉鎖された喫煙場所（喫煙室）を設け、それ以外は禁煙にしている」が24・７％（同23・７％）となっている。「敷地内を含めた事業所全体を禁煙にしている」は14・９％（同13・４％）だね。

そのなかで、職場の受動喫煙防止の取り組みにおける問題の内容を事業所別にみると、問題があると回答した産業のなかで、宿泊業・飲食サービス業と生活関連サービス業・娯楽業の分野では、「顧客に喫煙をやめさせるのが困難である」ということを理由に挙げた割合が双方とも50％を超えて、ほかの産業より群を抜いているんだよ。

慎次　サービス業だと、従業員の健康よりお客の喫煙を優先させてしまうんだね。

寿美子　東京都福祉保健局が常時雇用者数10人以上で、産業分野で農業・林業・漁業・公務を除外、事業所形態で店舗・飲食店・旅館などは除外した都内の民営事業所４０００事業所を対象に「平成22年度職場における受動喫煙防止対策の実態調査」をおこなっていて、それによると、回答のあった１４０１の事業所のうち、受動喫煙対策に取り組んだ理由として最も多いのが「従業員の健康を守るのは事業主の責務であると思ったため」で44・３％を占めているんだ。

建物内全面禁煙をおこなった事業所の場合、経営トップをまず説得したり、経営トップから禁煙宣言をしたという回答が多くみられるよ。

慎次　経営トップの判断で、禁煙化できるっていうこと？

寿美子　そうだね。やはりお上には弱いんだ、日本の社会は。責任ある立場の人の行動いかんで劇的に環境が改善されるのだから、飲食店や宿泊施設経営者にも、禁煙化に向けて決断をしてほしいよね。

喫煙による損失を考えても、離席コストは1人あたり1年間で約34万円、喫煙室1室を維持する年間コストは平均約25万円、喫煙者が1名いることで発生する年間コストは平均約23万円かかると言われているよ。小規模になればなるほどそのコストは重くのしかかるはずで、禁煙化を進めることこそ、コストがかからなくなるのだけれどね。

それから、禁煙化を後押しする法律も整備されてきている。2015年6月に労働安全衛生法の一部を改正する法律が国会で成立して、施行されたんだよ。事業者は事業場の実情を把握・分析をおこなうこと、実施可能でもっとも効果的な受動喫煙を防止する措置を講ずることが努力義務になっている。

慎次　また努力義務か。そこが問題だね。

2020年を目指して――●

寿美子　でも、少なからず希望はある。2020年までには、「受動喫煙のない職場の実現」が閣議決定されている。しかも、その年は東京オリンピックの開催年でもある。

国際オリンピック委員会（IOC）は、1988年以降、オリンピックにおける禁煙方針を明確に示しているだけでなく、タバコ産業のスポンサーシップも拒否している。2010

年にWHOとIOCは、健康的なライフスタイルとタバコのないオリンピックを目指す合意文書にも調印している。

これまでにオリンピックが開催されたバルセロナ（1992年）、アトランタ（1996年）、シドニー（2000年）、アテネ（2004年）、北京（2008年）、ロンドン（2012年）、ソチ（2014年）、リオデジャネイロ（2016年）といった都市では、受動喫煙防止のための罰則付きの条例や法などが整備されたんだ。オリンピックを開催する都市で、受動喫煙を防止する条例や法を整備するのは、世界的な潮流となっている。東京でも、それが当たり前になってほしいよね。松前さんも、オリンピックに向けて、禁煙化を進めるチャンスじゃないかと話していらした。

慎次　オリンピックはタバコなしで開催だなんて、そんなこと、全然知らなかった。

寿美子　ファイザー株式会社が全国47都道府県9400人の喫煙者の実態を調査した「日本全国の〝ニコチン依存度チェック〟2014」によると、直近のオリンピックを開催したアテネ・北京・ロンドンで受動喫煙を防止する条例が制定されたことを、67・1％の喫煙者が全く知らないという結果が出たんだよ。

慎次　やっぱり。もっとIOCから外圧を掛けてもらってもいいくらいだね。2020年は4年後、あっという間に来る感じがするよ。それまでに実現するのかな。

寿美子　これまでの流れを東京で後退させるわけにはいかないよね。東京都にその気がないのなら、国で法律として制定してもらおうよ。

慎次　これから4年でどれだけ禁煙化が進むか、2020年が楽しみだね。

エピソード5

久保則之さん（あけび書房株式会社代表）67歳・男性

「タバコはかっこいい」がきっかけだったが…

僕がタバコを最初に吸ったのは大学に入って1年生の時、4月末頃だったかな。山登りのサークルに入って最初に山に登った時に、頂上で先輩に勧められてタバコを吸って…。そのおいしさといったら格別でしたね。タバコっていいものだと思いました。

もうそこから常習です。1日だいたい1箱か2箱ぐらい。でも、おいしさを求めて吸い続けているわけではなくて、やっぱり雰囲気とか、かっこう良さ気取りとか…。それは、自分がこれで一つ大人になれたなんていう、自己陶酔みたいなものですよね。

――タバコをおやめになったのはいつですか。

今から18年前、49歳の時、長男が大学受験の年です。元旦に一家そろって一人ずつその年の抱負を言っていくわけです。長男が大学受験を目前に控えていて、一所懸命がんばっていた。長男は「今年は受験を頑張る」と言ったんです。そして、最後に僕に回ってきて、「お父さんにとって一番つらいのはタバコをやめることだ。お前が頑張っているからお父さんもタバコやめる。お前が受験に成功する、その願をかけるためにタバコをやめる！」って、家族の前で宣言したんです。

ただ、タバコをやめたいなというのは、ず～っと前からありましたね。タバコなんて吸っていたら健康に悪いということは重々わかっていました。

僕は、息子は絶対に合格すると思っていたわけです。で、合格したらまたタバコを吸い始めればいいや、3か月ほどの辛抱だと。実に安易な「決意」ですよね。合格に願をかけて、タバコをやめると言ったんだから、受かればもう吸ってもいいわけでしょ。

ところが、息子は、合格したにもかかわらず、1年浪人して、来年は別の大学を受験したいと言い出したんです。だから、また禁煙を1年延長しなければならなくなった。仕方なく禁煙し続けました。結構苦しかったです。

しかし、面白いもので、5か月目か6か月目くらいになると、体がタバコなんて欲しくなくなってきました。ごはんは美味しいし、体調はいいし、朝の目覚めはさわやかだしで、「タバコをやめて良かったな」と、実感したわけです。

――禁煙したのはそれが最初で最後ですか。

何度も禁煙を試みたことがあります。最長3か月やめたこともあります。1週間の禁煙なんていうのはざらだし、1か月くらいの禁煙も何回もありました。でもまた吸ってしまう。

僕が禁煙に成功したのは長男の大学受験という、自分以外の他者に理由を置いたからです。他力本願です。実は僕の場合は禁煙は他力本願でないとできないと思っているんです。何か理由を外に見つけないと。というのは、それまでタバコをやめてまた吸ってを何回も繰り返しましたが、それは全部自分の都合なんです。もっぱら自分の健康のためという理由での禁煙です。だから、体調が悪いから禁煙しても、禁煙で体調が良くなったらまた吸ってしまう。

家でタバコを吸っちゃいかんと思ったのは、子供が生まれる時ですね。家の中で吸わないように、家の中の灰皿をなくしました。でも勝手なもので、人様に自分の吸ったタバコの煙が迷惑になるとわかっていながら、会議中にはタバコを吸うし、会社でもタバコを吸って、「迷惑を掛けているんだろうなぁ。ごめんなさい」って思うくらいで済ませていたんです。「自分の子供のために家の中では禁煙を実行するのに、それ以外の所では、他者に配慮をするだけ」と、気づいていました。すごいエゴですよね。結局は問題意識の甘さかな。

僕が、自分の子供が生まれる時と生まれた後に受動喫煙のことを非常に気にしたのは、妻を見ていてのことです。赤ちゃんをお腹に宿している時、妻は、ものすごい食事に気を遣っていて、ある理由で通常ならば食べられない苦手な物を「赤ちゃんの栄養のために」と懸命に食べる努力をしていました。その姿を見て、母親ががんばっているんだから、父親の僕もがんばらなきゃと思ったんです。

——タバコを吸っていた時は、タバコを吸うことによって何かを得ていたのでしょうか。

結局は何も得てないでしょうね。あえて言えば、かっこいいとの勘違いだけ。

最近は、タバコの煙がかなり嫌になってきました。僕の体がタバコを拒むようになってきたということもありますが、社会的な禁煙文化の広がりでしょうね。いいことだと思います。

喫煙所も作らなければいいんですよ。なければ、あきらめる。喫煙所にたむろして吸っている光景をよく見かけますが、なにかしらみっともない感じが否めません。少なくとも街中や公共施設に喫煙所をわざわざ作ること自体がおかしい。

タバコなんて、販売されていること自体が犯罪ですよ。中国が清の時代に国の政策としてアヘンを吸わせていたわけでしょ。それは今からすればとんでもないことで、それと同じことだと思いますね。タバコを吸わせているのは誰かって言ったら、JTつまり国ですよね。国はいろいろな方法でタバコの魅力を宣伝して、若者や女性の喫煙者を増やそうとしている、やめたい人をやめさせない。そうではなくて、喫煙者を増やさない、やめたい人をやめさせる手立てを国が積極的にとるべきですよ。麻薬や覚せい剤禁止の法律を作っているんだから、百害あって一利なしのタバコを禁止する法律を作ったらいいのに。つくづくそう思います。

——今タバコを吸っている人に、何か言いたいことはありますか。

本当にタバコをやめて良かったと思うのは、ごはんは美味しいし、酒も美味くなりました。全体として体調がいいですし、ともかく風邪を引かなくなりました。集中力が持続するようにもなりました。タバコを吸うと集中力が増すとか言う人がいますが、そうではないですね。

気分転換になるっていうのも違いますね。タバコじゃなくても気分転換はできますよ。お茶やコーヒーを飲むとか、外の景色をながめるとか、音楽を聴くとか、深呼吸とか、いろいろありますよね。そのほうがいい気分転換になります。

それらのことは、タバコをやめていない人にはわからないことかもしれません。タバコを吸わせたい側は、害を隠して、気分転換になるとか、リラックスするとか言って勧める。

僕はね、自分がタバコのみだったからわかるけれど、今タバコを吸っている人に伝えたいです。「タバコを吸っていていいことは一つもありませんよ」と。

タバコの宣伝効果

慎次　タバコを吸い始めた時の、かっこうつけ、わかるな〜。僕はタバコを吸い始めた時、「俺はもう甘ちゃんじゃない」と思ったし、「未成年でタバコを吸うアウトローな俺」を「イカしている」とも思っていたからね。

寿美子　それはタバコ会社の思うつぼ、まんまと広告戦略にはまっているんだよ。多くの先進国の喫煙率は男女とも10％台で性差があまりないのに、日本の喫煙率は20％以上も性差がある。これは日本のタバコ広告のありかたが、喫煙と「男らしさ（男性性）」を結び付けたり、ことさら強調したりしてきたからだと考えられるんだ。

映画やテレビ番組では、タバコ会社から資金提供があって、わざわざ俳優にタバコを吸わせているものもあるよ。タバコ会社は莫大な広告費や販売促進費を使って、タバコに対するイメージを視聴者に植え付けるんだ。

「かっこいい」俳優や「きれい」な女優がタバコを吸うシーンは、タバコに対する「かっこいい」イメージや、「男性と同等の自立した女性」あるいは「セクシー」な女性といったイメージを知らず知らずの間に視聴者に刷り込む。タバコを吸うから「かっこいい」わけじゃなくて、その俳優が「かっこいい」だけなのに、その演出によって「かっこいい男は喫煙する」とか「喫煙はかっこいい」と勘違いして、抵抗感なく受け入れてしまうんだね。

今はテレビでタバコの商品CMが禁止されているからこそ、タバコ会社としてはドラマのなかで俳優になんとかしてタバコを吸わせるシーンを挿入したいんだよ。

慎次　そうか。映画やドラマで喫煙シーンがあれば、それはタバコのCMと同じか、それ以上の効果があるということになるんだね。

寿美子　アメリカ・カリフォルニア大学では、映画俳優が映画の中でタバコを吸うシーンを入れることの見返りに、タバコ会社に対して1本につき50万ドルを支払ってほしいと要求していた文書が公開されている。タバコ会社のお金は芸能界やマスコミだけじゃない、残念なことだけれど、医学界にも流れているんだって。

1991年には、日本人医師2人が提案して「受動喫煙を隠すプロジェクト」が発足して、その2人の医師にはタバコ産業から約20万ドルが支払われた。

慎次　えっ、そうなの？　だから医師でもタバコを擁護する内容の本を書いたり、受動喫煙の害を否定したりする人が出てくるんだね。僕たちはそうした言説を目にしたら、タバコ会社からお金が流れている可能性を考える必要があるわけだ。でも、タバコ会社の広告費って、どのくらいなんだろう。

寿美子　ＪＴの場合、２０１１年の3月期の発表によると、広告宣伝費が２０８億円、販売促進費が１４０７億円。

慎次　額が大きいことはわかるけれど、漠然としているな。ほかの業種でもこのくらいの広告費を使っているところって、あるの？

寿美子　うへ。嫌な質問をするね。市場経済に関して私は疎いんだよ。

でも、「東洋経済オンライン」の２０１５年8月28日付の記事で、最新の有価証券報告書（２０１４年5月期〜２０１５年4月期）で開示されている販管費の内訳から、広告宣伝費の金額が多い上位５００社をランキングしている。それによると、ＪＴの広告費は48位のシチズンホールディングスと同額だから、広告費は大企業並みにあると思っていいんじゃないかな。

慎次　ＪＴは広告や販売促進のために、多額のお金を掛けているんだね。

タバコに対するイメージ転換──●

寿美子　広告の手法に関して言えばＪＴも「男らしさ」や「かっこよさ」だけではだんだん通用しなくなってきていることを認識しているらしくて、イメージ転換を図っているんだ。

最近のタバコのパッケージデザイン、昔と違うと思わない？

慎次　うん。洗練されていて、さわやかでおしゃれな感じを受けるね。

寿美子　これまでの重要な顧客であった「働くおじさん」たちは、健康を考えて禁煙したり、長年の喫煙が祟って体調不良だったりで、その喫煙率が今後伸びることはないわけ。だから、それまでの渋い大人の男性をイメージした重厚なパッケージデザインは、もう時代遅れということだよね。おじさんたちが頭打ちなら、タバコ会社が次に狙うのは、誰？

慎次　若者や女性？

寿美子　そう。だから、さわやかさや清潔感を強調したパッケージデザインへと転換して、スマートでおしゃれなイメージを植え付けようとしている。しかもそうしたパッケージは、若者や女性だけでなく、未来の喫煙者になってほしい、子供たちに向けたものでもあるんだ。

日本はタバコの販売に関しても、おおっぴらにショーケースで展示販売しているよね。それに、喫煙者の多くは、飲食店などでテーブルにつくと、どうする？

慎次　そうか。ポケットからタバコとライターを出して、テーブルに置く。

寿美子　日本のタバコのパッケージは、諸外国のタバコのパッケージと比べて、警告に割くスペースは断然少ないし、喫煙による被害が視覚的にわかるような写真もないから、おおっぴらにその辺に置いたり、展示することに抵抗がないんだね。

慎次　おしゃれでかっこいいデザイン優先のものは、子供の興味を引くようにできているんだ。

寿美子　そう考えると、いかにパッケージデザインが重要かわかるよね。

ターゲットは未来の喫煙者――●

慎次　広告と言えば、最近はタバコそのものの広告を見ることは少なくなった気がするね。テレビでは禁止されているから、雑誌で見かけるくらいだ。でも、テレビでは夜の報道番組などのスポンサーになっていて、そこでＣＭをよく見るようになったよ。「吸う人も吸わない人もここちよい世の中へ」とか、「ひとのときを想う」とかっていう、あれ。

寿美子　ああ、いわゆるマナーＣＭだね。最近は夜の時間帯だけでなく、日中でもＣＭが放送されている。「ひとつずつですが、未来へ」というメッセージを打ち出して、多様性の尊重や協調ある共存、大人のたしなみ方を説いて、だから吸う人も吸わない人もいていいんだ、吸う人の存在という多様性を排除するようなことをしないで、吸う人を許容する寛容な社会をめざしましょうって言いたいわけだよね。

慎次　そしてＪＴは、そのための努力を惜しんでいませんよ、こうして喫煙者に向けてもマナーを説いている、いい会社なんですよって言いたいのか。これももしかして子供たちに向けたもの？

寿美子　そうだね。大人に向けたメッセージのように見えるけれど、子供に向けたものでもあるね。学校では、いろんな人がいていいんだよ、自分と違う人がいても尊重しましょう、いじめちゃいけませんよ、と教わるわけだ。それをうまく頂戴しているんだよ。

タバコに関して深く理解している人間にとって、あれらのＣＭがまやかしだということは見抜けるけれど、見抜けない大人も大勢いて、ましてや子供たちにはそれがまだわからない。

「ひろえば街が好きになる運動」は、知っている？

慎次　知っているよ。ＣＭにもあるよね。おじいちゃんの住んでいる街に、息子と孫が出掛けて行って、街のごみ拾いをするんだ。

寿美子　それも、ＪＴは家族を巻き込んで、子供たちに社会貢献をしている企業のイメージを植え付けて、ＪＴに親しみを感じたり、タバコを身近に感じるように仕向けているわけさ。

ＦＣＴＣ違反を続けるＪＴ――•

寿美子　おいおい話そうと思っているけれど、そもそもタバコ産業の社会貢献活動は、国際条約で禁止されているんだよ。この国際条約は、「たばこの規制に関する世界保健機関枠組条約（ＦＣＴＣ）」と言って、日本は批准しながら平気で条約違反を続けているんだ。

慎次　ひどいね、それは。ＪＴはＦＣＴＣを知っていて無視しているわけか。しかも、優良企業の仮面をかぶって。

寿美子　タバコの煙は毒ガスと同じだと話したよね。ＪＴのＣＭは、毒ガスを巻き散らしておきながら、「毒ガスを巻く人も吸わされる人もここちよい世の中へ」と、言っているようなものだよね。ＪＴが「ひとのときを想う」企業だと言うのなら、タバコを吸わない人が受動喫煙によって奪われた時間や、タバコ病になったり亡くなったりした人たちの時間にも思いを馳せて、「ひとのときを奪う」タバコを売らないでほしい。

そもそもＦＣＴＣでは、タバコ産業のスポンサーシップを禁止しているにもかかわらず、ＪＴはそうしたイメージＣＭをバンバン流しているんだからね。

慎次　ひどい国だね、それを許している日本は。ＦＣＴＣ違反とわかっていながら、ＪＴはスポンサー活動を続けているし、テレビ局は受け入れているのか。人の命より目先のお金の方が大切なのかな。

子供の受動喫煙

慎次　そう考えると、久保さんは奥さんの妊娠中の苦労を思ったからこそ、受動喫煙のことをとても気にして、自分の赤ちゃんの前ではタバコは吸わないことにしたんだね。タバコをやめたきっかけも、大学受験で頑張っている息子さんのことを思ってだよね。

それこそが、「ひとのときを想う」ってことだよ。

寿美子　そして、その気遣いを、まわりの人にも広げていった。そのように、自分の身近にいる人だけじゃなくて、すべての人に向けてほしいよね。ほかの人だって、ほかの知らない誰かの大切な人であることに、変わりはないんだから。

慎次　でも、それをニコチンの誘惑が妨げるのか。恐るべし、ニコチン。

寿美子　喫煙者も、実効的な対策をとらない政府や厚生労働省の不作為と、巨額な資金を投入してニコチン依存症に陥れるＪＴをはじめとするタバコ企業の被害者なんだよ。

被害者である喫煙者のタバコによって、受動喫煙を余儀なくされた人が、また被害者となる。特に子供の受動喫煙は深刻だよ。最近では、子供への受動喫煙は「虐待」であるとの見解も出ている。胎児に対しても同じ。赤ちゃんは苦しいって言えないもの。

慎次　受動喫煙に対する認識が甘くて、実効的な対策をとっていない日本では、子供への受動喫煙の機会が案外多いのかもしれないね。

寿美子　日本禁煙学会の松崎道幸氏による２０１０年の発表によると、２００２年の全国調査で、日本の妊婦さんの33％は妊娠前にタバコを吸っているという結果が出た。

慎次　妊娠可能な年齢の女性を対象とすると、喫煙率は上がるのか。

寿美子　そうだね。さらに、父親の48％と母親の11％が喫煙者ということで、日本の１８００万人の子供の半分以上、つまり９００万人以上は出生前か出生後に、タバコの煙に曝されているそうだよ。松崎氏は、子供が受動喫煙に曝されるのは家庭内だけではないことを考えると、日本の子供のほとんどが受動喫煙に曝されているとみてよい、とまで断言しているよ。

慎次　受動喫煙が子供に及ぼす影響には、どんなことがあるとわかっているんだろう。

寿美子　「米国公衆衛生長官報告２００６」では、「受動喫煙はタバコを吸わない子供と大人の生命と健康を奪う」、「受動喫煙は、乳幼児突然死症候群、急性呼吸器感染症、耳の病気、重症気管支喘息のリスクを高める」、「親の喫煙は、子供の呼吸器症状を増やし、肺の成長を遅らせる」と報告している。

日本の子供たちの医療機関受診理由のうち、上位を占める急性咽頭炎・扁桃炎、急性気管支炎、急性上気道感染症、気管支喘息、虫歯は、すべて受動喫煙病なんだって。親がタバコを吸う家庭の子供は、これらの病気におよそ1・5〜2倍かかりやすくなるそうだよ。

松崎氏は、日本の家庭から受動喫煙がなくなると、９００万人の家庭受動喫煙児の病気が半減するので、小児科を受診する子供の数は毎年数百万単位で減るだろうと予測している。受動喫煙のために子供たちが医療機関を受診しなければならない病苦が倍増するわけだから、家庭の喫煙は、文字どおり「児童虐待」だと明言もしている。
それから、昨日まで元気だった赤ちゃんが突然死亡する乳幼児突然死症候群（ＳＩＤＳ）も、受動喫煙に曝されることによってリスクが高まることがわかっているよ。日本では、厚生労働省の２００８年10月の発表によると、ＳＩＤＳで死亡した赤ちゃんは２００７年に１５８人。妊娠中及び出産後の受動喫煙は、ＳＩＤＳのリスクを2〜3倍高めるんだって。胎盤を通過したタバコの有害成分（ニコチン・一酸化炭素など）が、発達を始めたばかりの赤ちゃんの脳にさまざまな変調をもたらすんだよ。ＳＩＤＳで死亡した赤ちゃんの肺には、別の原因で死亡した場合よりも、ずっと多くのニコチンが検出されているんだって。

慎次　ああ、なんて痛ましいんだろう。こういう事実をなんとかして多くの人に知ってもらいたいね。知らされていないのはどうしてなんだろう？　タバコ企業の資金力に、マスメディアが屈伏しているからなのかな。

寿美子　それは大いにあると思うよ。

医療・公衆衛生従事者に期待

寿美子　タバコ問題にかかわるようになって感じるのは、タバコや受動喫煙に関する正しい知識を広げていくことが、とても難しいということだね。

タバコを吸わない立場の人は、タバコ問題は自分には関係ないと思っていたり、「何もそんなに目くじらを立てなくても」と感じたりしている人も多い。

タバコを吸う人は吸う人で、私の父のように、「自分はどうなってもいい」とか「自分のことなんだから、勝手だろ」と思って開き直っている人もいるだろうね。問題は、他者に及ぼす影響なのに、自分のことしか考えられなくなっているんだね。

それに、「私は他者に配慮している」という自信のある喫煙者ほど、その配慮が正しい配慮かどうか、改めて考えることはしないだろうね。

そういう人たちのセンサーは、タバコ問題に関して感知しないんだよ。そのセンサーを、なんとかしてタバコ問題に感知する方向に向けて、正しい知識を発信していくことは、とても難しいことだと感じているけどね。

慎次　お医者さんや看護師さん、保健師さん、薬剤師さん、学校の先生に頑張ってもらわなきゃならないのかもね。

寿美子　喫煙者のなかには、私の父のように、家族の忠告を素直に聞けない人もたくさんいると思うよ。忠告する家族も喧嘩腰になって、家庭内が険悪になったりね。

そんな時、私はどんなにか主治医や看護師さんが父に禁煙を勧めてくれないかと期待していたことか。だって家族が言って聞かないんだもの、ほかに禁煙を勧めてくれるのはお医者さんや看護師さんしかいないでしょ。でも結局、父には、病気になってタバコを吸うことができなくなってしまうまで、禁煙を勧めてくれた医療関係者はいなかった。

お医者さんをはじめとする医療従事者の皆さんには、禁煙は喫煙者本人を救うだけでなく、家族も救うことにもなると、知ってもらいたいね。

エピソード⑥ 猪股和雄さん（久喜市市議会議員） 64歳・男性

ニコチンガムで知ったニコチン毒

喫煙歴は35年間です。高校1年生の時に、喫茶店で先輩たちがタバコを吸うのを見ていたら、女性の先輩が「吸う?」と言って、1本差し出してくれたんです。メンソールの輸入タバコで、吸った瞬間スーッとして、うまいもんだなと思いましたよ。

それからは、夜に勉強しながら隠れて吸うようになりましたが、お金もないので、1週間で1箱ぐらいしか吸えませんでした。母親から、「タバコを吸っているのか」と、何度か聞かれたことがありました。就職してからは1日20本で、それは30年来変わりませんでしたね。

タバコを吸っていた時は、周りの人に気を遣いさえすればいいと考えていました。一応、女性や子供のいる場所では吸わない、灰皿のない家や場所では吸わないことにしていましたが、ポケット灰皿を持って歩きタバコをしていました。タバコの問題は、ごみの問題だと思っていたんです。煙は見えている所には届いていると思っていましたが、見えなくなれば、煙がそんなに遠くまで届いて、人に嫌な思いをさせているとは思っていませんでした。

自宅では、書斎だけが喫煙室でしたが、できるだけベランダで吸うように心がけていました。「家の中で吸わなければいいだろう。ベランダくらいは勘弁してもらおう」と、開き直っていました。でも、それは、今思い起こしてみると、灰皿がある場所で、女性や子供が近くにいさえしなければ、遠慮なしにタバコを吸っていた、傲慢な喫煙者の一人であったわけです。

タバコの害に関する本も読んではいましたが、自分自身の健康に悪いとは思いませんでした。でも、朝起きると、喉がいがらっぽい感じがして、すぐに痰が出ました。書斎の机や天井がなんとなく黒っぽくなっていたり、パソコンの画面をティッシュで拭くと明らかにタバコのヤニが取れたりしても、これがそれほど健康に悪いとは思いませんでした。

――タバコをやめようと思ったきっかけはなんですか。

２００１年８月中旬のある日、献血に行きました。そこで、私の血圧を測っていた医者にすぐに病院に行くように言われたんです。ちょっと焦りましたが、自覚症状はまったくありませんでした。その日の夕方、循環器科の病院に行って薬を処方してもらい、その後定期的に通院することになりました。

やっと血圧も落ち着いてきた9月末に、医師からタバコをやめるように言われました。ほかに、体重を減らすこと、塩分摂取量を減らすこと、それとなにか運動をするように言われたと記憶しています。でも、この時点ではどれもやる気はありませんでした。というより、とても無理だと思い込んでいたんです。


――でも、タバコをやめる決意をされた。


ええ。タバコをやめて薬が減るなら、それもいいかなと。10月1日に、ちょうどその年の9月に一般に発売されたニコチンガムのお試し版のいちばん小さな箱を買ってきて、夕食後に説明書を何度も読み返しました。

最初の1週間は夢中でした。2週目頃から、少しずつ自己分析できる余裕が生まれてきたんですが、それはタバコとは何かとか、ニコチンガムとは何かとか、自分が今まで何にとらわれていたのかということを、まざまざと知らされる決定的な経験でした。

タバコを吸いたくなる。少し我慢する。手が無意識に胸ポケットを探ってタバコを探し始める。ハッと気づいて、ニコチンガムを一つ、口に入れる。そうすると、タバコを吸いたいという気持ちが、スーッと消えていくんです。それが1時間後、またタバコを吸いたいという欲求が頭の中を占めて来て、タバコ以外考えられなくなるんです。またニコチンガムを噛むと、あれほどタバコを吸いたいと思っていた感情がなくなっていることに気づくんです。

これはどういうことだ？と考えた時、私が求めていたものは、あの煙を吸いこんだ時の爽快感ではなくて、ニコチンそのものだった、ということです。そこまで思い至った時、愕然としましたね。自分はニコチンという薬物の中毒だったんだと。私が執着していたものは、タバコでなくてもいいんだ、ニコチンさえあれば良かったということだったのかって。

もう一つ、思い知らされたことがあります。ニコチンガムを噛み続けていると、猛烈な苦みを感じることもあって、なんとなく唾液を飲み込むと軽い吐き気さえしていました。説明書には、辛みや刺激感を感じたら噛むのをやめるとか、唾液が出てきたら呑みこまないようにと書いてありました。つまり、このガムに含まれているニコチンは、体に良くない「毒物」か、あるいは毒物に近いものらしい。私はこれまで、こんな吐き気さえ催す、気持ちが悪くなるようなものを体に取り込みながら、爽快感を味わっていたということになるんです。

――その後は順調だったんですか。

いろいろありましたよ。毎日ニコチンガムを10個くらいはポケットに入れて出掛けていましたが、ある会議の時にガムがないことに気づいたり、議会が長引いて手持ちのガムが足りなくなったり。この時は、もう本当に、禁煙をいったん中止しようかとも思いました。

1週間に1個から2個のペースで減らしていって、3週目には6個になり、4週目は5個になりました。でも、苦しかった。12月に入って、1日4個に減らしました。次の週は3個、そして2個と減らしました。驚くほど順調で、先月までの苦労は何だったのかと思えるほどでした。クリスマスが過ぎた翌週の月曜日、ニコチンガムをゼロにすることができました。

その日を境に、私はタバコとも、ニコチンガムとも、永遠に別れることができたんです。不思議なことにそれ以降は、タバコを吸いたいという気持ちは湧いてきませんね。


――タバコをやめて思うこと、気づいたことはありますか。


血圧は安定しています。朝起きてすぐと、歯磨きの時にいつも感じていた吐き気はなくなりました。黒っぽい痰と、鼻をかんだ時に黒い粒子がティッシュに付くこともなくなりました。食欲は明らかに増して体重が増えましたが、減量して66kg前後を維持しています。

タバコの煙が嫌になったことはありませんが、タバコの煙には敏感で、タバコを吸わない人、嫌いな人が、敏感に反応するのも理解できるようになりました。妻や子供と一緒に飲食店に入って、たまたま喫煙席の近くに座った時、顔をしかめる気持ちはよくわかります。

それで、議会の一般質問でも、何度か「公共の場での分煙の徹底」について求めてきました。

他の議員からは「自分がやめたからってよく言うよ」「言いすぎじゃないか」などと冷やかされますが、自分がやめたからこそ、吸わない人に煙を吸わせないことを主張できると思うのです。吸わない人に対する加害者にはなるな、ということだけは言いたいですね。

喫煙に関する条例は二通り

寿美子　社会の仕組みを変えることによってタバコ問題に取り組める立場の人がいたね。

慎次　議員さんか。市民の代表として条例を作ることによって、タバコ問題に取り組んでいる人たちだね。喫煙に関する条例を作っている自治体はどのくらいあるんだろう。

寿美子　正確な数字はわからないけれど、２００２年、東京都千代田区の「安全で快適な千代田区の生活環境の整備に関する条例（千代田区生活環境条例）」を皮切りに、１００以上は条例として施行されているようだよ。それ以前にも、美化条例は全国各地で制定されていたけれど。

でもね、自治体の対応にも、二通りあるんだ。一つは、街の美化・美観という観点から、ポイ捨てを禁止したりマナーの向上を求めたりすることが目的のもの。もう一つは、市民の健康を守るという観点から、受動喫煙を防止することが目的のもの。適用の地域や対象に幅があるけれど、条例のほとんどは前者に該当しているんだ。後者は、２０１０年の「神奈川県公共的施設における受動喫煙防止条例」が先駆けとなって、近年各地で注目されて、徐々に制定しようとする自治体が増えているようだけれど、どこも苦戦しているようだね。神奈川県に続いたのは、兵庫県と北海道美唄市にとどまっているよ。

久喜市路上喫煙の防止に関する条例

慎次　僕たちが住んでいる久喜市にも、喫煙に関する条例はあるの？

寿美子　あるよ。２０１２年に「久喜市路上喫煙の防止に関する条例」が施行されているね。

慎次　久喜駅のペデストリアンデッキに掲げられている横断幕と道路に貼ってある禁煙ステッカーで、路上喫煙が禁止されている区域があることはわかっていたけれど、久喜市にそんな条例があることは知らなかった。

寿美子　久喜市路上喫煙の防止に関する条例は、その目的が「喫煙マナー及び環境美化意識の向上を図」ることと、「市民等の安全で快適な生活環境を確保すること」にあるから、さっきの話の前者にも後者にも該当する、おもしろい条例と言えると思うよ。

慎次　でも、条文を読むと、どっちつかずで玉虫色の内容だと感じるのは僕だけだろうか。
　第4条によると、「市民等は、路上喫煙をしないよう努めなければならない」としながら、立ち止まって携帯灰皿を持っていれば、路上などを管理するものが指定した場所で、タバコを吸いたい放題のようにも読めるよね。路上などを管理するものが場所を指定していいのであれば、路上などに灰皿が乱立することだって、なきにしもあらずだね。
寿美子　でもね、第4条の2項に、「前項ただし書の規定により喫煙する場合であっても、火傷その他の被害又は受動喫煙を生じさせることのないよう配慮しなければならない」とある。久喜市路上喫煙の防止に関する条例で、受動喫煙に触れているのは定義を除いてはこの1か所のみだけれど、最も重要な文言であると私は読んでいるよ。
　ただし、行動の裁量が市民などに委ねられているのが心もとない。喫煙者の自発性に依拠しているに等しいわけだから。結局は、マナーの問題にすり替えられてしまいかねない危うさを含んでいると言えるよね。

マナーの問題では解決できない

慎次　喫煙者のマナーの向上が叫ばれて久しいか。なのにいまだにマナーの向上が叫ばれているということは、マナーの問題では解決できない現実があるということだろうね。

寿美子　そうなんだよ。そこを認識しているかいないかで、行政の行動力や実行力に差が出てくるのだと思うね。

千代田区のホームページでは、「区は、罰則を伴わない条例のもとで人々のモラルに訴えかけてきたわけですが、残念ながら、ほとんど目立った効果はありませんでした」「マナーやモラルに期待しながらまちの環境を良くしていくことは非常に難しく、人々の道徳心のみに頼ることは、もはや限界であると考えました」と、述べられている。そのために区が議論を重ねたうえで罰則付きの条例を設け、どのように運用しているかも、よくわかる内容になっているよ。

「罰則は、あくまで人々のマナー・モラルの向上を呼び起こす『手段』であり、それにより、安全で快適なまちを築いていくことが本来の『目的』です」ともある。千代田区は、行政罰である「過料」を導入して、積極的に適用しているんだ。そのくらい厳しく取り組まなければ、安全で快適な生活環境は守れないってことだ。ほかの自治体も大いに参考にしてほしいね。

でも、実際は喫煙者を向こうに回すような施策を、積極的に講じたくないと考えている自治体が少なくないようだよ。

久喜市の「市長への提言」を利用して、私がEメールでタバコ問題について意見を述べた時も、条例は「喫煙者を公共の場から排斥するのではなく、喫煙者のマナーの向上を基本とし、喫煙者と非喫煙者の共存を図り、すべての方が心地よく公共の場を利用できることを目的として」いるという、まるでJTの受け売りのような返事が書かれていた。

慎次　あれ〜、条例の目的は「路上喫煙の防止に関し、市、市民等及び事業者の責務を明らかにするとともに、路上喫煙の防止に必要な事項を定めることにより、喫煙マナー及び環境美化意識の向上を図り、もって市民等の安全で快適な生活環境を確保すること」なのにね。これって、今流行の拡大解釈ってやつ？

寿美子　理想は高く掲げていても、実際は喫煙者からの反発が怖いというのが、正直なところだと思うよ。健康増進法における受動喫煙の防止に関しても、あくまで「努力義務」でしかないと「市長への提言」への返事にあって、開き直りに聞こえたけれどね。

慎次　市議会で可決された条例を市が運用できないようでは、「仏作って魂入れず」だ。市民としては、条文に定めている市の責務を実行してもらいたいよ。そうでなければ、条例を作った市自らが、条例違反をしていることになるんだから。

禁煙外来って、どんなところ？

慎次　話は変わるけれど、猪股さんはエピソード1の稲毛さんと同じように、ニコチンガムを使って自力で禁煙をしたんだね。お二人の禁煙までの道のりを伺って、なんだかとても大変そうに感じたのは僕だけだろうか。むしろガムを使わなかった僕の方が、スパッとタバコをやめられたよ。タバコを減らしていく方法は、難しいんじゃないかな。

寿美子　徐々に本数を減らしていく減煙より、きっぱりやめる断煙の方が成功率は高いと英国の研究でもわかったそうだよ。

慎次　ふ〜ん。自力で苦労するなら、禁煙外来に行く方がいいのかもね。お医者さんと二人三脚の方が、安心感もあるし。でも、禁煙外来の治療って、どんなことをするのかな？

寿美子　東京・日本橋にある中央内科クリニックの院長で東京都医師会タバコ対策委員会の委員長でもある村松弘康医師のお話ではね、以前の治療はニコチンパッチやニコチンガムしかなかったけれど、今の治療にはニコチンと類似作用のある薬を使った治療ができるようになったんだって。禁煙外来を活用すると、禁煙の成功率は7割に上がるそうだよ。自力で我慢をするだけでは1、2割しか成功しないんだって。

慎次　そうなの？　ニコチンパッチやガムに代わる、ニコチン類似作用のある薬って、どんな物なの？

寿美子　タバコをやめられない原因は、心理的な依存や習慣ということもあるけれど、ニコチン依存によるものなんだよ。ニコチンが体に入っている状態で交感神経のバランスがとられているために、ニコチンが切れるとイライラしたり、眠くなったりする。そこで3か月ほどニコチンを絶って、体のバランスをとり戻す必要があるんだって。

パッチやガムを使っての禁煙は、吸って吸収していたニコチンを、皮膚や口腔内粘膜から吸収することで代替しているだけで、ニコチンを断つべき3か月間に、結局は体にニコチンを入れることになるから、成功率が伸びなかったんだって。でも、ニコチンと類似作用のある薬を使うと、ニコチンが体の中にない状態で禁煙が進んで、成功率が上がるそうだよ。

その薬を服用しながらタバコを吸うと、タバコをおいしく感じないんだって。だからだんだん吸うのが苦痛になってきて、タバコに未練が残らないように「卒煙」できるらしいよ。

治療費はタバコ代より安い

慎次　歯を食いしばって禁煙しなくても、禁煙外来に行けば比較的楽にタバコをやめることができるようになったのか。それはタバコをやめたい人たちにとって朗報だね。でも、禁煙外来の治療期間や治療費って、どのくらいかかるのかな？

寿美子　以前はね、保険外診療だったけれど、最近は一定の条件を満たせば保険が適用されるようになった。保険診療の認可を受けた施設では、3割負担の人ならば、診察と薬代を含めて最大2万円程度らしいよ。

約3か月のプログラムで、全部で5回受診する。3か月だから、1日に換算して220円から230円というところだよ。タバコ1箱が400円としても、その費用を治療に充てることができるね。

慎次　タバコ代より治療費の方が安いなら、活用しない手はないね。治療に必要な一定の条件は、何があるの？

寿美子　エピソード1の稲毛さんのところで出てきた、「ブリンクマン指数」は覚えている？

慎次　覚えているよ。「1日で吸うタバコの本数×喫煙年数」の値のことだよね。

寿美子　そうそう。それが35歳以上の場合200以上になることが第一の条件。さらに、医師によるニコチン依存症の問診で、10の設問のうち5つが〝Yes〟となること。文書で患者の同意を得ることも条件に含まれるよ。

それから、初めての禁煙外来の利用であること、もしくは前回の治療から1年以上の時間が経っていることも、気をつけなければならない点。保険適用の場合は、1年に1回しか利用できないんだって。もちろん、自由診療（保険外診療）にすれば1年に何度も受けることが可能だけれど、その場合は基本的に10割負担となって、費用は各病院で異なるそうだよ。

慎次　ブリンクマン指数の適用が、35歳以上とされているのはどうして？

寿美子　それはね、以前は年齢による限定はなくて、一律２００以上だったんだよ。

慎次　え〜！　それだと、高校生などの未成年者がニコチン依存症になってそこから脱出したくても、ブリンクマン指数の条件があると保険診療が難しかったわけだ。喫煙年数が浅い人も、よほど1日に吸う本数が多くない限り、保険外診療になってしまうということだよね。

寿美子　そう。だからかねてからそこが問題視されていて、日本禁煙学会では禁煙治療におけるブリンクマン指数の条件撤廃を厚生労働省に要請していたんだ。

そこで、２０１６年2月に開かれた中央社会保険医療協議会（中医協）の総会で、ブリンクマン指数は35歳未満には適用しないとされたわけ。

慎次　そうか。それで２０１６年4月から高校生などの未成年者も、保険診療が可能になったわけだね。

寿美子　でも、全てのニコチン依存症の治療が保険診療になるよう、日本禁煙学会では、年齢による制限は完全に撤廃すべきだと主張しているよ。

慎次　そのとおりだよね。

寿美子　奈良県や岐阜県多治見市では、未成年のニコチン依存を憂えて、今までブリンクマン指数の条件があったために治療が困難だった未成年者を対象に、禁煙支援をおこなってきた。

奈良県では、学校所在地の市町村を管轄する保健所と連携して、小中学校・高校に通う児童・生徒を対象に、専門家の相談・治療を受けられる事業を実施して、治療を後押ししている。多治見市では、学校・医療機関と連携して、禁煙補助剤を使った禁煙治療の費用を一部（5日分）公費で負担してくれるんだって。

慎次　子供たちをニコチン依存から抜け出させるのは、今までは制度の面で大変だったんだね。2016年4月から、高校生などの未成年者に対するニコチン依存症の治療に保険がきくようにはなったけれど、自治体や学校・保健所・病院が連携した仕組み作りが求められているよね。奈良県や多治見市のような取り組みが、ほかの自治体でも増えるといいね。

大切な人のために、タバコをやめる――●

寿美子　私ね、中学校の養護教員の方から、生徒の喫煙について相談をされたことがあるんだ。その生徒は聞く耳を持たないばかりか、保護者の公認のもとで喫煙しているそうで、もうどうしたらいいでしょうって。

慎次 それで寿美子は何と答えたの？

寿美子 私もね、それを聞いてかなり暗澹たる気持ちになって…。でも、その生徒に好きな人が現れた時、タバコを吸っていることは、その人のことを大切にすることになっているのかを考えてもらったらいいのではないかなと思ってね。

タバコは吸っている本人だけの問題ではないこと、身近にいる大切な人の健康や命を奪う物であること、そして、その生徒に好きな人が現れた時、タバコを吸っていることによってその人を傷つけることになるのだと、話してみてくださいって。

タバコをやめることは、自分のことを大切にするからやめるわけじゃない、相手のことを大切にするためにやめるんだって。

慎次 先生、納得したかな。

寿美子 「それしかないですかね」と聞かれた。「自分のことなんだから、自分の体はどうなってもいいんだ。自分の勝手だろ」と思っている人に、能動喫煙の害をどれだけ説明しても、聞いてはくれないよね。

慎次 そうだね。寿美子のお父さんがそうだったように、「俺は誰にも迷惑をかけていない」「タバコと酒で死ねるなら本望だ」と、開き直りこそすれ、現実は自分の体に異変が起きて、それを自覚できないとタバコをやめられない人が多いと思うよ。

げんに僕だって、タバコをやめたいと思いつつも、自分のためにタバコはやめられないと痛切に感じていたからね。

寿美子　そこに私が登場して、「タバコを吸う人とは一緒にいられません」って、言ったわけか。

慎次　寿美子と一緒にいたかったから、タバコをやめる決断をしたんだ。でも、中学生にそれがわかるかな。

寿美子　誰かを好きになって、大切に思う気持ちは、わかるんじゃないかな。

慎次　そうだね。わかってほしいよね。僕はタバコをやめて良かったと、つくづく思っているよ。タバコをやめると言った時、寿美子がそれを信じてくれたのもうれしかった。

僕の知っている人が、家を新築したのを機にタバコをやめると宣言したら、奥さんが、「また言っている。どうせ今回もできっこないんだから」と即座に言い返したんだけれど、それはないよ。そんなこと言われたら、せっかくのやる気もなくなっちゃう。

寿美子　そうだね。せっかくタバコをやめようと決意して、それを表明した人には、その勇気を信じて、「ありがとう。うれしいよ。私も応援するよ」と、言ってあげてほしいよね。

エピソード 7

川口大地さん（仮名）42歳・男性

喫煙所など作らなければいい

タバコを初めて吸ったのは、高校生の時です。周りがタバコを吸っていて、「お前も吸ってみるか?」と言われて吸ってみたら、倒れちゃったんです。バタッて。「もうだめだ、こんなの。とても吸う気にならない」というので、高校の時はその1回だけでした。

僕の両親は喫煙者でした。小さい時は妹と二人でいやだいやだと言っていました。僕が就職してから吸い始めて、妹も吸うようになりました。そして僕がやめて、母がやめて。父は膀胱がんになって、その時にやっとやめました。いちばんいやがっていた妹はまだ吸っています。

僕の場合、就職してからも全然吸う気にはならなかったのですが、二十歳の時だったか、お酒を飲みに行く時だけ吸うようになったんです。常習になったのは、一人暮らしで、「ああ、寂しいな。そうだ、タバコを吸おう」と思って、そこからですね。

――タバコを吸っていた期間に、やめようと思ったことはありますか。

15年くらい前にやめた時は、吸いながら吐き気を催すみたいな感じで、咳が出るようになったんです。そこでタールの量の少ない物へと、徐々に落としていきました。すると、いったんは咳が止まるんですよ。でも、また出始めて、「やっぱりゲホゲホするな」と思っていたら、タバコが値上げになったんです。値上げはきついなと。その時は結婚していたので、「ちょっとこれはまずいのかな、タバコを吸っていたら」と思うようになって。それでやめました。

奥さんは喫煙者で、付き合った時からタバコを吸っていたので、僕の喫煙に関しては何も言いませんでしたが、長女を妊娠したのをきっかけに、僕より先にタバコをやめたんです。その時まだ僕はタバコをやめていませんでした。でも、長女が生まれるということもあって、じゃあやめようかと。

でも、結局、やめたと言っても、飲んでいる時には吸っていたんです。それがだんだん普段でも吸うようになって、1年経って完全に脱落しました。

今につながっているのは、10年前、長男が生まれる時です。その時もだんだんゲホゲホし始めたら、またタバコが値上げになったんです。当時タバコは1箱200円台で、値上げで290円から300円になるという話でした。「俺の小遣いじゃ無理だよ」と思いました。タバコをやめたら、咳がやみました。あのゲホゲホは、完全にタバコが原因ですね。

けっこう皆さん、タバコをやめるのは大変だと言いますが、あまり苦にならずにやめられました。「吸いたいな〜」と思う期間は、3日目くらいまではありますが、それをやり過ごしさえすれば大丈夫。スッパリ、すんなりやめられました。タバコの本数を減らしていくやり方は無理です。やめるんだったらスパッとやめなきゃ駄目です。

――タバコを吸っていて、良いことはありましたか。

良いこと？　良いことなんてあるかな。最初に吸い出した時は、ファッション系の仕事をしていたので、タバコを吸うのもファッション的な感覚で捉えていましたね。

――良いことがないのに、どうして吸っていたんでしょう。

習慣です。生活のリズムと同じですよ。吸うと、ちょっと、ほんのちょっとですけど、クラッとするのがあるんで、それが中毒なのかなとも思います。タバコをやめても、かつては中毒だったから、その名残りが脳にあると聞きましたが、今はもう無理、もう絶対吸えません。やめた最初の頃は、夢も見ました。夢でタバコを吸って、クラッとする感覚もリアルによみがえっていました。自分で「怖いな」と思いましたけど。今はもうないですね。

今は、ほかの人のタバコの臭いが臭くて、「チェッ」と思うことはあります。服にもついてくるのがわかりますから。吸っていた時には、それが全然気になりませんでした。喫煙者の息が臭いのもわかるようになりました。電車で座っていても、喫煙者が自分の前に立つとわかります。自分が吸っていた時は、奥さんや親に口が臭いと言われてもわからなかったんです。口臭の原因がタバコだとも思わなかった。タバコをやめてから、口が臭いと言われなくなりました。

あとはヤニ。タバコを吸っている人の歯の裏側が真っ黒なのは、小学校か中学校の時に気づいていて、まさか自分がそうなるとは思っていませんでしたが、タバコを吸っていた時に歯の裏を見たら、ヤニで真っ黒になっていました。それが、お茶とか食べ物の着色と比べて、タバコのヤニは半端じゃないです。部屋にも黄色くヤニがついているのが、タバコをやめてから気づきました。

それから、タバコをやめた理由のもう一つに、実は僕、日本酒が好きで、それをタバコの臭いで邪魔されたくないという思いがあるんです。10年前にタバコをやめた時、ちょうど日本酒のおいしさに目覚めて、もう絶対にタバコの臭いを混ぜたくないなって。今も日本酒を楽しんでいるので、タバコが復活することは絶対にないです。酒の量は増えましたけれどね。

――タバコをやめて、良いことはありましたか。

タバコを吸わなくなって、タバコ代が浮いて、ゲホゲホがなくなって、お酒と食事が美味しい、良いことばかりです。

でも、やめたばかりの頃は、ストレスを抱えている時に、「吸ったら楽になるのかな」とは思いましたね。タバコがストレス解消になっていたわけでもないのに。若い時はかっこうをつけることもあるかもしれませんが、常習するようになったらタバコを吸う理由なんてありませんよ。隙さえあれば吸うんです。

昔は、電車のホームでもどこでも吸えて、次に喫煙所が出来て、喫煙所の周りは喫煙者で人だかりになって、煙がモクモク出ていました。それを考えると、今はずいぶん変わりました。ショッピングモールの喫煙所は、奥へ奥へと追いやられている感じで、すごすぎると思います。あそこで吸っている人、後ろめたくないのかと不思議に思います。そう感じるくらいなら、タバコをやめられるのかな。喫煙所を作らなければいいとも思います。

タバコの値段も、これからもっと値上げが加速するんじゃないですか。そうしたら、やめる人も増えるでしょうが、タバコ貧乏というか、タバコ破産が起きるのではないかと思います。どうしてもタバコをやめない、やめられない人が一定数いるような気がします。僕は、そういう社会が良いとは思わないから、タバコを値上げするより、吸いにくい環境を作ったり、吸わせない社会的な共通認識を育てることに力を注いだ方が良いと思っています。

タバコをやめる「きっかけ」の1位は値上げ——●

慎次 川口さんがタバコをやめた理由の一つは、タバコの値上げなんだね。

寿美子 ファイザー株式会社が2014年に全国47都道府県9400人の喫煙者を対象にした実態調査によると、「何があっても禁煙しない」と回答した705人以外に「今後、どのようなきっかけがあったら、禁煙しようと思いますか」と尋ねたところ、複数回答ながら「更にタバコの価格が上がったら」と答えた人は4782人、半数以上の50・9%で、1位だった。また、同じく「何があっても禁煙しない」と回答した人以外に「消費税が10%になったら、タバコの価格も上がることが予想されます。消費税増税によるタバコの値上がりをきっかけにして、禁煙しようと思いますか」と尋ねて、「はい」と答えた人は4254人、48・9%にもなった。

慎次 僕がタバコを吸っていた時、まだ1箱300円になっていなかった。300円になったら経済的に大変だなというのが実感だったね。

寿美子　でもね、ロンドン・ロイターによると、昨年7月にＷＨＯは、タバコによる健康被害防止へ税金面で取り組んでいる国はごくわずかにとどまると指摘して、タバコ税を少なくとも販売価格の75％相当にするよう提言したんだって。

日本のタバコは1箱４４０円の商品の場合、タバコの税負担合計額が２７７・47円（63・1％）で、ＷＨＯの提言と比べるとタバコ税の比率は10％以上低く抑えられているんだよ。

慎次　タバコの値上がりは、喫煙者にとっては切実でも、ちびちび値上げすると切迫感がないから、ドーンと値上げした方が禁煙に対する動機づけとしては影響が大きいと思うよ。

例えば、1箱４００円として、1日1箱20本タバコを吸う人にとってタバコ代は、1週間で7箱・２８００円、1か月で30箱・1万２０００円、1年で３６５箱・14万６０００円。10年吸い続けたら、なんと１４６万円。自動車が買える値段だよ。1日2箱吸う人は、その差は単純に倍になる計算だ。でもね、喫煙者はいちいちそんな計算をしてタバコを吸っているわけではないから、１００円程度の値上げならこたえないんじゃないかな。文句を言いつつも吸い続けるような気がするね。

寿美子　先ほどのファイザー株式会社の実態調査では、「何があっても禁煙しない」と回答した人以外に「タバコの価格がいくら位になれば、禁煙しようと思いますか」と尋ねたところ、

39・9%が「500円位」と回答している。これはあくまでもアンケート結果だから、実際は慎次が言うように、100円程度の値上げでは期待するほど効果がないかもね。欧米先進諸国並みに、いっそのこと1箱1000円以上にしたらいいのにね。

喫煙率が減っても税収は増える――•

慎次　そうすると、喫煙人口が減って、税収が減ってしまう恐れが出てくるのかな。

寿美子　公益財団法人日本財団の笹川陽平会長の試算によると、タバコの価格を1箱1000円にした場合、タバコの消費は3分の1に減ると予想されるけれど、税収は3兆円と、現在の2兆円よりも1兆円増えるらしい。

2010年にタバコ税が1本あたり3・5円増えた時、価格上乗せによって1箱290～320円だった紙巻きタバコが410～440円と、過去最大の値上げ幅となったので、一時的に販売量は減ったもののすぐに回復して、税収は882億円の増収になったんだ。

一方、厚生労働省の「国民健康・栄養調査」による2010年の喫煙率は、前年に比べて男性は6・0ポイント（38・2%→32・2%）、女性は2・5ポイント（10・9%→8・4%）の大幅減となった。タバコ税の引き上げによる税収増と喫煙率の低下は、日本だけのことではなく、世界各国で確かめられているんだよ。
でもね、そうはいかなかった例もある。韓国では国民の健康を守るため、2015年1月にタバコの販売価格を1箱2500ウォン（約270円）から4500ウォン（約490円）に値上げした。ところが、2015年7月の中国「環球網」の記事によると、韓国政府が今年1月にタバコ価格を引き上げてから半年がたって、その効果は明らかに減少していると報じられたんだ。韓国「中央日報」でも、韓国のコンビニ大手5社の6月のタバコ販売数は28億8800万本で、前年同期比92％まで戻ったと伝えている。

慎次　1箱500円なら、禁煙よりタバコをとるのか。じゃあ、やっぱり、ドーンと1箱1000円以上にするしかないね。

喫煙しやすい国、日本

慎次　日本は法整備が遅れていることに加えて、タバコが手に入りやすい値段であることも、タバコを吸いやすい環境を作っているんだね。

寿美子　そうだよ。世界的に見たら、ロシア・北朝鮮・アフリカ諸国と並んで、日本はタバコを吸いやすい環境にあるんだよ。

ファイザー株式会社が２０１４年に日本に在住している外国籍の成人男女４００人を対象に、インターネット調査を実施した「在日外国人の喫煙に対する意識調査」によると、全回答者に「あなたの母国と比べて、日本はタバコを吸いやすい環境だと思いますか？」と尋ねたところ、57・8％が「喫煙しやすい（とてもそう思う＋そう思う）」と回答している。「喫煙しやすい」と回答した２３１人に、自国より喫煙しやすいと感じる場所について複数回答で尋ねたところ、1位がレストランで77・5％、2位が居酒屋・バー・パブの67・5％、3位が喫茶店・カフェの59・7％。飲食店を喫煙しやすい場所と感じているんだね。

慎次　ふ～ん。日本ではうっかりすると、居酒屋やバー・パブ、喫茶店・カフェは、タバコを吸う所だと思っている喫煙者も多いんじゃない？　本当は、お酒やお茶を飲む所で、タバコを吸う場所ではないのにね。

寿美子　在日外国人が日本人の喫煙マナーを悪いと感じる理由のトップは、「飲食店で吸う（63・0％）」なんだ。これは２０２０年の東京オリンピックに向けて受動喫煙の防止に取り組むにあたって、おざなりにはできない問題だよ。

慎次　在日外国人から見たら、飲食店でタバコを吸っている日本人は感じが悪いということだよね。言い換えれば、タバコが吸える飲食店は、おもてなしどころか、いやがらせをしているとも言えるってことか。なのに、分煙を推進することがおもてなしになる、なんて、勘違いも甚だしいことを言っているＪＴや、有識者と呼ばれる人もいるんだよね。

寿美子　それはね、禁煙にされると、商売として困るからね。ＪＴは、なんとしても禁煙を阻止すべく、分煙にしてなんとかしてタバコを吸わせようとしている。

日本は母国と比べて「喫煙しやすい（とてもそう思う＋そう思う）」と回答した在日外国人２３１人に、喫煙しやすいと感じる理由を尋ねたところ、アジア出身者では「分煙の場所が多いから（禁煙場所が少ないから）」と答えたのが31・7％でトップになっている。ＪＴの分煙推進の成果が出ているね。

慎次　ＪＴはほくそ笑んでいるだろうね。

寿美子　この問いには、出身地域ごとで喫煙しやすいと感じる理由に違いが出ていて、欧米出身者では「喫煙者に対する周囲の目が厳しくないから」が30・7％、中南米出身者では「街中に喫煙所が多いから」が24・1％でそれぞれトップになっているんだ。

それから、日本人の受動喫煙防止に対する意識についても尋ねているよ。全回答者のうち42・0％（168人／400人）が「日本人の受動喫煙防止に対する意識は低いと思う（低いと思う＋やや低いと思う）」と回答していて、意識は高いと思う（高いと思う＋やや高いと思う）の30・8％を、10ポイント以上上回っているんだ。

慎次　そうなんだ。どういうところが意識が低いと感じるところなんだろう？

寿美子　飲食店で吸う、子供の近くで吸う、妊婦の近くで吸う、歩きながらタバコを吸う、周囲の人に許可を取らずに吸う、禁煙エリアで吸う、タバコを路上に捨てる、などだよ。

慎次　うっ。僕がタバコを吸っていた時、飲食店で吸うのはもちろん、歩きタバコも当たり前、ポイ捨てだって平気でしていたよ。ああ、恥ずかしい。

寿美子　ほかにも、母国と比べた日本の受動喫煙防止に対する取り組みについても聞いているよ。54・5％が「進んでいない（そう思わない＋あまりそう思わない）」と回答している。喫煙者であっても45・5％が「進んでいない（そう思わない＋あまりそう思わない）」と回答していて、喫煙者から見ても日本の受動喫煙防止の取り組みは進んでいないと見えているんだね。

そこで、全回答者に対して、「日本は受動喫煙を防止するための取り組みをさらに進めるべきだと思いますか？」と尋ねたところ、77・0％が「進めるべき（強くそう思う＋そう思う）」と回答していて、より強力な受動喫煙対策を望む声が多いことがわかるよね。

所得が低いほど喫煙率は高くなる

寿美子　実はね、タバコの値上げに対する喫煙率減少効果は、貧困層には効果が薄いのではないかとも言われているんだよ。

タバコを吸う喫煙者の割合は、貧困層や教育レベルが下がるほど多くなることが判明しているんだ。アメリカ全体の収入別の喫煙率を見た場合、１９６５年から１９９９年にかけて、高収入の家庭では62％の減少を見せているのに対し、低収入の家庭の場合だと９％しか減らなかったんだ。アメリカ・ＲＴＩのマシュー・ファレリー氏が実施した２０１２年の調査では、年収３万ドル（当時のレートで約２４０万円）以下の家庭の喫煙率が33・７％であるのに対して、年収６万ドル（約４８０万円）以上の家庭の喫煙率は12・２％しかないことも判明しているよ。年収３万ドル以下の家庭では、収入の14・２％をタバコに消費していて、喫煙が家計を大きく圧迫しているそうだ。

ＷＨＯは２００８年の『世界のたばこの流行に関する報告』で、発展途上国の貧困層のタバコ消費について言及していて、バングラデシュの最も貧困な家庭では、教育に支払われる10倍もの金額をタバコに費やしている。インドネシアでも最低所得者層は全支出の15％をタバコ代として支払っていて、エジプトの低所得家庭でも支出額の10％をタバコ代が占めている。メキシコの最低所得層にあたる20％の家庭は、収入の約11％をタバコに費やしている。中国では、喫煙による医療費の支払いによって５０００万人が貧困を余儀なくされているそうだよ。

慎次　まさに川口さんが話していた、タバコ貧乏だね。

寿美子　アメリカほど差はないけれど、同様の傾向は日本でも出ているよ。厚生労働省が２０１４年11月に実施した「国民健康・栄養調査」では、世帯所得が２００万円未満の人の喫煙率が男性35・４％、女性15・３％であるのに対し、世帯所得が６００万円以上の人は男性29・２％、女性５・６％なんだ。２０１４年の喫煙率は男性32・２％、女性８・５％だから、所得による差が反映していると言ってもいいと思うよ。

慎次　さっきの計算でも、タバコ１箱４００円として、１年で14万６０００円。夫婦で吸っていたら、30万円近くになる。世帯所得が２００万円未満の人にとって、タバコ代だけで所得の15％以上を占めることになるのか。それが全部煙となって消えていく。しかも、健康を蝕みながらね。

寿美子　「国民健康・栄養調査」では、世帯の所得が６００万円以上の世帯員と比べて、２００万円未満・２００万円以上～６００万円未満の世帯員は、喫煙者の割合のほかにも、女性の肥満者・朝食欠食者・運動習慣のない者の割合が高く、野菜の摂取量が少ないこともわかっている。厚生労働省では、低所得層は健康管理を意識する余裕がないことが背景にある、と分析しているようだよ。

慎次　う～ん、それもあるのかもしれないけれど、低所得者にとってタバコは贅沢品なんじゃないのかな。所得が高ければ、娯楽はいくらでもあるし、贅沢だってできる。でも、所得が低いと娯楽は限られているし、贅沢はできない。だからタバコやジャンクフード、スナック菓子みたいなものでも楽しみの一つ、贅沢の一つになってしまうんでは。

寿美子　そうか。せめてタバコぐらいは、と思うんだね。

タバコと児童労働

寿美子　これまでは喫煙者と貧困のことに触れてきたけれど、海外ではタバコ生産者と貧困は切り離せない問題でもあるんだ。

私はずっと、タバコ問題の核心は受動喫煙にあると思っていた。受動喫煙が解決すれば、大かたタバコ問題は解決だって。受動喫煙さえ起きなければ、タバコを吸いたい方はどうぞご自由に、喫煙を許してくれる人の範囲内で好きなだけ吸って、タバコに蝕まれながら死んでくださいって思っていた。それが喫煙者のお望みでしょ、くらいにね。

でもね、巣鴨・髙岩寺の来馬明規住職のお話を伺って、タバコの問題は受動喫煙がなくなったとしても、海外のタバコ農園で働かされている貧困家庭の子供たちがいる限り、解決されはしないと気づかされたんだ。その話を伺った時、頭を何かでぶん殴られたくらいの衝撃を受けたよ。無知だった自分が恥ずかしかった。

慎次　そうなんだ。子供がタバコ農園で働かされているの？　僕も知らなかった。

寿美子　例えばね、東南アフリカの国マラウィで、タバコ生産に携わっている子供たちのことを、プラン・マラウィが報告書『Hard work, little pay and long hours（子どもたちの過酷な労働環境）』で発表しているのだけれど、なかには5歳という幼い子供もいるんだよ。

プラン・マラウィの推計によると、マラウィ国内のタバコ農園で働く子供たちは約7万8000人。なかには、1日に12時間以上もの労働を強いられている子供もいて、多くの子供の時給は1ペンス（約1・5円）以下、1日の収入も11ペンス（約16円）程度にしかならないんだ。

皮膚を守る作業着などは支給されないから、子供たちは葉タバコから皮膚を通して1日に54ミリグラムもの溶解したニコチンを吸収していて、深刻な健康被害を受けている。54ミリグラムのニコチン量は、平均的なタバコ50本分にも相当する量で、子供たちは、重い頭痛・腹痛・筋肉の衰え・咳や息切れなどを訴えている。これらは典型的な緑タバコ病やニコチン中毒の症状なんだ。

葉タバコ栽培で使用されている農薬の多くは神経毒系の農薬で、子供は長期的な農薬曝露によってがんのリスクを抱えるだけでなく、学習や認知に支障が出たり、生殖機能に問題が生じることもあるんだって。

プラン・マラウィの調査に答えた子供たちは、自分たちが身体的・性的・精神的な虐待を受けていることを証言している。でも、家族や自分の生活費のため、そして学費のために、こうした搾取的な環境で働かざるを得ないと語っているんだよ。

慎次　タバコ農園での児童労働は、マラウィだけでおこなわれているの？

寿美子　残念ながらそうではないんだ。アメリカ・ブラジル・アルゼンチン・コロンビア・ウガンダ・タンザニア・ザンビア・レバノン・南アフリカ・カザフスタン・マレーシア・フィリピンなど、世界各国に及んでいるよ。

慎次　多くの貧困家庭の子供たちは、タバコ会社から虐待され、搾取されているのか。タバコ会社はブラック企業じゃないか。

寿美子　そのとおり。多国籍のタバコ企業は、子供たちの成長に深刻な影響を与えながら労働力を搾取して、莫大な利益を得ているんだ。国際人権NGOは、児童労働によって生産されたタバコを購入するタバコ企業に対して、健康被害と安全上のリスクがあるすべての作業に子供を従事させることを禁じるよう強く求めているよ。もちろんその中には、JTも入っている。

慎次　タバコ企業はそれに対して何か策を講じているんだろうか。

寿美子　タバコ企業のなかでもフィリップ・モリス・インターナショナル（PMI）には、児童労働と強制労働に関する規定があって、世界中のすべてのＰＭＩ施設における最低就労年齢を定めるとともに、強制労働を禁止している。葉タバコ栽培地域における児童労働を撲滅するためのプログラムへの資金提供を世界各地で実施していて、ホームページにも取り組みの一例が掲載されているよ。

ＪＴはEliminating Child Labour in Tobacco-growing（ＥＣＬＴ）財団を通じて、主にアフリカやアジアの児童労働問題の解決に取り組んでいて、子供たちの教育機会向上などへの支援をおこなっているとホームページで紹介しているね。２０１２年には、米国のＮＧＯウィンロック・インターナショナルと国際労働機関（ＩＬＯ）の協力のもとに、ＪＴインターナショナル（ＪＴＩ）が葉タバコを調達する葉タバコ耕作コミュニティでの児童労働の撲滅を目指すプログラム（Achieving Reduction of Child Labour in Supporting Education）を立ち上げたようだよ。

でも、それらの活動は、ＦＣＴＣの違反行為。そもそもタバコ企業がそうした援助をするのなら、安い賃金で児童から労働力を搾取して、安い葉タバコを手に入れることをやめればいいんだ。タバコ企業から出ている資金は、安い葉タバコを使用して、ぼろ儲けしたお金から出ているのだから、マッチポンプそのものだよ。

マッチポンプなだけじゃない。そのうえ悪質なのは、そうした貧困児童に対して、タバコ企業は援助をしていますよ、いいことをしているんですよ、だからいい会社です、って体裁を整えていることなんだ。

慎次　そうか。いい会社がタバコを売っているんだから、タバコだって悪いわけじゃないと思わせたいのか。

でもね、そんな悪知恵の働くタバコ企業が、児童労働をさせている農場からの葉タバコ購入をやめるとは思えないから、まずは僕たちがタバコを買わなければいい。消費者が賢くなればいいんだ。需要があるから作られるわけで、タバコが売れなくなれば、タバコ会社のアンフェアな儲けはなくなるわけだよ。もちろん、それによって減少した生産者収入をカバーするために、葉タバコからほかの作物への転作を推進したりする必要があると思うけれどね。

タバコの問題は喫煙者だけの問題ではない、タバコの煙を吸わされる受動喫煙の問題もあるということは、だんだん認知されるようになってきたけれど、生産者の貧困問題でもあると認識している人はとても少ないと思うよ。子供たちの健康を奪いながら、労働力を安い賃金で搾取することで栽培された葉タバコからタバコができているってことを、みんなに知ってもらいたいね。その1本をやめることで、子供たちを救うことにつながるんだから。

エピソード８

当麻　幸さん（仮名）　63歳・男性

受動喫煙の方がよっぽど体に悪い

タバコを吸ったきっかけは好奇心です。大学に入った時に、兄が使っていたサイドボードを私が使うことになって、そこにキセルと刻みタバコがありました。キセルに火を点けて、グーッと吸ったら、気持ちが悪くなって吐いちゃったんです。「これはいかん」と思ってしばらくやめていたのですが、大学に通うようになるとみんなタバコを吸っていて、それで私も紙巻きタバコを吸うようになりました。フィルターがついているタバコです。

学生の頃は1日20本程度吸っていました。会社勤めになってからは本数も増えました。1日40本は吸っていました。麻雀なんかすると、50～60本は吸ってしまいますね。

昔はどこにでも灰皿がありましたし、道路にポイ捨てをしてもとがめられることもなく、後ろめたさもありませんでした。職場でも、自分の机の上に灰皿を置いて、席で吸っていられました。だから遠慮することなく、どんどこどんどこ吸ってしまうんですよ。タバコの火で書類を焦がしたなんてことがあっても、それほど大きくとがめられることもなかった時代ですからね。窮屈な思いをすることはなかったですね。

――タバコを吸っていた時、体調不良のようなことはなかったのですか。

タバコを吸っていた時は、口の中が苦く感じたり、痰がちょっと出るかなというくらいで、自分の体に対して大きな変化はありませんでした。それもあったのか、38年間、一度も禁煙しようと思ったことはありませんでした。平均1日40本、周囲がタールやニコチンの含有量が少ない銘柄に変えていっても、自分は一つの銘柄にこだわって吸い続けていました。

57歳の時、今から8年前の3月に禁煙しました。

やめるきっかけというか、動機は、疎外感や罪悪感を覚えるようになったからなんです。以前だったら電車の中で吸えたのが、ホームで吸うようになって。それからホームの端っこにできた喫煙所でしか吸えなくなって、それも今はなくなりました。街中で吸うにしても、諸外国では罰則付きの条例ができたり、日本でも環境が厳しくなって、世間から疎外されているような気持ちをいちばん感じましたね。なんだか悪いことをしているような、周りの人が白い目で見ているわけではないのでしょうが、吸っていることに対して罪悪感のようなものが出てきたというところが、事実だと思いますね。

それから、新聞や雑誌などで、タバコは体に悪いとか、がんとの関係もあるということが、ぼちぼち言われて、そういう統計的で実証的なタバコと病気の関係が明確に、声高に、10年くらい前から言われるようになったのもありますね。タバコのパッケージにも、警告文が書かれるようになって、害があるのかなとか、別に吸わなくてもいいのかなって。それまでは、タバコを吸うことによってストレスから解放されるとか、行動の区切り区切りで吸うことによるホッとする良さみたいなのを理由に吸っていたんだと思いますが。

――でも、タバコを吸わなくなった今、苦労されているわけではないんですよね。

全然苦労していないですよ。8年前にやめて、吸ってみようと思うことはないです。それから、タバコをやめる要因になったもう一つに、人間ドックがあるんです。人間ドックに行く時は、前日の夜9時くらいからタバコを吸わないですよね。朝から人間ドックをして、昼過ぎくらいに最初の一服を吸うようになるんですけれど、吸ったら、キュッと脳の血管が絞められて、クラッとしたんですね。これはすごい衝撃でしたね。怖いというか、自分がここで倒れるんじゃないかというくらいの衝撃、そういうのもあったんですよ。

なので、先ほどの外的な締め出しというか、環境の変化と、自分自身でもそういう体への影響を感じていたということもあるんでしょうね。

――タバコをやめて気づいたことはありますか。

タバコを吸っていた時は口の中が常に苦かったですね。今は苦くないですから。それから、痰が出なくなりました。あと、汗をかいたりすると、すごく臭うんですよ。雨の日なんか特に、びたーっと臭いがつくし、自分でもわかるから、周りの人は相当臭かったんじゃないかな。

以前は、タバコを吸うための理屈をいろいろと見つけていましたね。それでも、喫煙所を探してまで吸おうという気持ちにはなりませんでした。家でも、職場でも吸えましたし。

でも、職場では、席で吸えなくなって、喫煙フロアができて、そこで吸うようになっていました。ただ、50歳の時に職場が変わって、そこはまだ部屋の中で吸える環境だったのですが、私が禁煙にしたんです。部屋は臭くなりますし、書類を焦がすリスクを考えると、屋内は禁煙にして、自分から率先して外に行って吸っていました。自分でも、年年歳歳いろいろなところからの情報で、タバコに対してこうした方がいいというものが積み上がってきていたのかもしれません。やめよう、やめなきゃいけない、やめるべきだっていうのがね。

それからタバコの価格もね、1箱1000円くらいで十分だと思っているんですよ。

——タバコを吸っていた時は、タバコで病気になるかなとか、具合が悪くなるかなと思って吸っていましたか。

これっぽっちも思っていないですね。病気になるなんて思っていないし、それほど喧伝されているわけではないから、タバコの箱の横に小さく何か書いてあったって、そんなのは、なる人はなるかもしれないし、昔隣だった70、80のおじいさんだってタバコをバンバカ吸っていても、何の影響もなかったじゃないかと。だから、それと自分が病気になるということが、全く関係ないというのが基本的な認識でした。もう、絶対大丈夫だと思っていました。

なのに、すんなりタバコをやめたら、肺がんですからね。38年間の蓄積があるんでしょうね。肺がんの後も2度ほど転移しているから、そういうのもあって、やめた後の8年間は吸っていた時の38年間と比べても長く感じますよ。

受動喫煙に対しても、タバコを吸っていた時は、「大丈夫だよ。直接吸っていたって大丈夫なんだから、その辺でふわっとしたの吸っているくらいなんだから」なんて思っていました。それが、最近は受動喫煙の方がよっぽど体に悪いと。そういう情報を、実証的・科学的なデータでもって、テレビできちっと正確に、広く報道して啓蒙すればいいのにと思います。

――テレビは、ＪＴの広告料で首ねっこを抑えられているので、なかなか難しいようですよ。

よほど儲かっているんだね、ＪＴは。

分煙ではなく完全禁煙に――●

慎次　タバコを吸いにくい環境になったという当麻さんの実感、僕もわかるな〜。僕がタバコをやめた12年前でさえ、タバコを吸える場所が少なくなってきて、どこでならタバコを吸えるかということが、けっこう頭の中を占めていた。

タバコを吸えると思って入ったアメリカ系コーヒーチェーン店が禁煙だとわかった時は、ものすごいショックだった。僕がお店に入るのは、食事をしたりコーヒーを飲んだりするためではなくて、本当のところはタバコを吸うためだったからね。

今は当時と比べても、格段にタバコを吸いにくい環境になってきていることを痛感するよ。タバコをやめて本当に良かったよ。

寿美子　ファイザー株式会社の「日本全国の〝ニコチン依存度チェック〟２０１４」によると、

禁煙に挑戦しようと思った理由を最大3つまで挙げてもらったところ、禁煙挑戦者2751人のうち12・0％の331人が、「身の回りに禁煙スペースが増えたから」を理由にしている。

厚生労働省が2011年に10人以上の労働者がいる職場を対象に実施した「労働災害防止対策重点調査」の約1万1000人分のデータを、大阪府立成人病センターの田淵貴大医師らが分析した研究によると、分煙の職場を全面禁煙にすると喫煙率は11％、受動喫煙の害は37％減ることが推定されたんだって。もっとすごいのは、対策を講じていない職場を分煙にしただけでは、喫煙率は7％、受動喫煙の害は1％しか減らないのに、全面禁煙にすると喫煙率は32％、受動喫煙の害は48％も減少すると推定されたんだ。

分煙で減少した喫煙率や受動喫煙の害は統計学的に有為な変化ではないと判断されるそうだから、分煙では喫煙率の低下に効果がないことがわかるよね。

慎次　ふ〜ん。分煙にしようとすれば、設備投資や清掃代などもばかにならない。全面禁煙ならコストも低く抑えられるうえに、従業員への害も大きく減らすことができるのか。

寿美子　結局分煙はね、タバコを吸うお墨付きを与えているようなものなんだよ。吸える所があれば、なかなかタバコをやめられないよね。受動喫煙の観点からも、タバコをやめようとしている人たちにとっても、分煙は害悪になりこそすれ、救済にはならないわけだ。

慎次　でも、JTとしてはタバコをやめられると困るから、なんとしても分煙でいいとアピールして、完全禁煙を阻止したいんだね。

寿美子 そう。それはね、タバコをやめてもらっては困る喫煙者に対するアピールもあるけれど、実はタバコを吸わない人たちに向けての、巧妙なメッセージでもあるんだ。

慎次 そうか。タバコを吸わない8割の人たちが真実を知って、タバコを根絶しようなんてことになったら、タバコ会社はとても困るわけだね。だから、分煙で大丈夫ですよ、それなのに分煙では駄目なんて言うのは料簡が狭すぎる、そんなあなたは不寛容ですよって、タバコを吸わない側の人間に思いこませたいわけだね。

寿美子が禁煙を求める活動をしていると、自分は非喫煙者だと断りつつ「それは喫煙者の排除です」なんて言う人が出てくるのも、あながち無関係とは言えないのかもね。

寿美子 アハハ。ちょっと考えれば、排除されているのは喫煙者ではなくて、有害物質を含んだ空気を吸わされている非喫煙者の方だと、わかるはずなんだけれどね。

JTは民営化されたのか――●

慎次 当麻さんも話しているように、もっとテレビでタバコの害悪について報道すればいいのに、そうはしないでJTのイメージCMをじゃんじゃん流して、むしろメディアはタバコ会社を援助しているようなものだよ。人の命の大切さより、目先のお金に目がくらんでいるんだ。ＪＴの広告費は大企業並みにあるって話だったよね。ＪＴはそんなに儲かっているの？

寿美子　とうとう出ました。私の苦手なお金・経済・経営の質問。ＪＴはホームページで株主・投資家向けに情報公開しているので、皆さんが資料を活用してくださるとうれしいです。はい。

慎次　あれ？　なに？　もう終わり？　突っ込みようにも突っ込みどころさえないよ。

寿美子　ごめんね。でも、私はお金・経済・経営の問題について語るだけの知識がないんだ。そんな人に、いい加減なことを話されたって、いやだよね。

ＪＴと財務省の利権構造やＪＴの経営戦略に関しては、前神奈川県知事として受動喫煙防止条例を制定した松沢成文参議院議員の『ＪＴ、財務省、たばこ利権』（２０１３年、ワニブックス）に詳しく書かれているのでそちらにお任せすることにして、私は私らしく。

そもそもＪＴの前身は何か覚えている？

慎次　ＪＴの前身はね、日本専売公社。

寿美子　そう。第二次世界大戦後の１９４９年に大蔵省から専売局が分離独立して、タバコ・塩・樟脳の専売業務を担う特殊法人として発足したのが日本専売公社。

慎次　そして、１９８５年に民営化して日本たばこ産業株式会社（ＪＴ）になった。

寿美子　その「民営化された」ＪＴ、実は財務大臣がＪＴの株式を3分の1以上保有する筆頭株主だということ、知っていた？

慎次　そうなの？　知らなかった。

寿美子　２０１３年3月に東日本大震災の復興財源に充てるためにＪＴの株式を売却するまで、財務大臣はＪＴの発行済み株式の50・01％を所有していたんだよ。

慎次　ＪＴが儲かって喜ぶのは、ＪＴだけじゃなく、財務省としてもウハウハなんだ。

寿美子　しかも、２０００年に初めて生え抜きの社長が就任するまでは、ＪＴのトップは常に旧大蔵省のＯＢが占めてきた。つい最近まで、会長・副会長・常勤監査役にも旧大蔵省ＯＢが名を連ねていて、ＪＴからも財務省に多くの社員を出向させているんだ。

慎次　それ、民営化って言えるの？　ＪＴと財務省は持ちつ持たれつの関係、癒着だよね。

寿美子　ＪＴはたばこ事業法で「我が国たばこ産業の健全な発展を図り、もって財政収入の安定的確保及び国民経済の健全な発展に資すること」が目的とされていて、とにかく経済優先が至上命題の会社なんだよ。

慎次　アハハ、すばらしい。ＪＴは目的を見事に体現している。

寿美子　ＪＴの実態は、たばこ事業法・日本たばこ産業株式会社法（ＪＴ法）で保護された財務省の監督下にある国策会社。でも、多くの人はそんなことは知らずに、完全に民営化されていると思っている。JTはそこを巧妙に利用して、国内はもとより海外でも企業買収（M&A）を繰り返している。

しかも、1999年にRJRナビスコ社から米国外たばこ事業部門（RJRI）を買収した時、当時の日本企業によるM&Aとしては史上最高の買収額、約9400億円で落札したんだって。さらに、2007年に、RJRIの買収額の2倍以上となる約2兆2000億円でギャラハー社を買収し、世界第3位のタバコ企業になったんだよ。

慎次　ということは、やっぱり儲かっているんだね。

JTの子会社

慎次　JTは豊富な資金力を背景に、企業買収を繰り返しているのか。JTの日本国内の子会社にはどんな会社があるの？

寿美子　日本フィルター工業株式会社は、タバコ用フィルタープラグの製造と販売を国内はもとより、海外でもおこなっているよ。海外では、フィルター製造機の製造と販売も手掛けている。

それから、タバコ香料・食品香料・フェロモントラップを開発・製造している富士フレーバー株式会社。この会社は、ＪＴグループのタバコ香料の供給を一手に引き受けているそうだ。

ジェイティエンジニアリング株式会社は、工場のライン増設から生産自動化・遠隔監視制御・プラント構築・環境対応などのトータルサポートをおこなっている会社だ。この会社は、喫煙ブースの設置も手掛けているよ。ＪＴから派遣された禁煙コンサルタントに勧められて、ジェイティエンジニアリングの喫煙ブースを設置させるなんて、うまくできているよね。

日本たばこアイメックス株式会社は、タバコ製品や喫煙具などの輸入・販売事業を展開しているよ。

慎次は加ト吉という冷凍食品の会社、知ってる？

慎次　うん。冷凍うどんとか、コロッケ・エビフライなんかが商品としては有名だったんじゃないかな。

寿美子　今はね、加ト吉はＪＴの子会社になって、テーブルマーク株式会社と社名を変更したんだ。その傘下には、調味料の富士食品工業株式会社や各地でベーカリーショップを展開しているサンジェルマンなどがあるんだ。

ＪＴの子会社になった途端、変節したのは鳥居薬品株式会社だね。鳥居薬品はＪＴの子会社になると、それまで続けていたタバコアレルギーを検査する試薬の製造販売を中止したんだ。タバコアレルギーの診断が下せなくなったことで、医療関係者の間では大いに顰蹙を買っているようだ。

慎次　それ、妨害行為に等しいね。ＪＴは「たばこ産業の健全な発展を図」る目的を達成するために、医療まで歪めることを厭わないんだね。

寿美子　とはいえ、そうした子会社の収益は、ＪＴの売り上げ収益の20％にも満たなくて、80％以上はタバコの販売によるものなんだ。

慎次　ということは、ＪＴは、やっぱりタバコを吸わせるための作戦を講じているということなんだね。分煙推進にしても、イメージ戦略にしても、タバコを吸わせるためなんだ。

ＪＴの社会活動はＦＣＴＣ違反

慎次　タバコを売って儲けたお金は、大企業並みの広告費を投じてメディアに流れて、商品そのものの広告はもちろん、イメージ戦略を展開することに使われているんだね。

寿美子　ＪＴのお金はメディアに流れているだけじゃない。ＪＴは「ＪＴ　ＮＰＯ助成事業～地域コミュニティの再生と活性化にむけて～」という事業を展開して、助成団体の募集をおこなっている。ＮＰＯへの助成事業としては、「東日本大震災復興支援　ＪＴ　ＮＰＯ応援プロジェクト」というものがある。ＪＴから活動資金の援助を受けた団体にとって、ＪＴは…。

慎次　いい会社。

寿美子　そうなるよね。資金の援助はＮＰＯに対してだけじゃない。学生に対して、ＪＴアジア奨学金制度・国内大学奨学金も設けている。特に国内大学奨学金では、医学部の学生に対して6年間奨学金を給付している。進学したくても家庭の経済的事情で困難に直面している学生にとって、学費を援助してくれるＪＴは…。

慎次　いい会社。

寿美子　だよね。

慎次　それ、医学生の取り込みにも等しいんじゃない？　ＪＴからお金をもらって医者になって、ＪＴを客観的に見ることはできるんだろうか。

寿美子　そもそもタバコ産業はそうした社会活動（ＣＳＲ）を国際条約で禁止されていると前に話したことを覚えているかな？

慎次　覚えているよ。その条約、ＦＣＴＣと言うんだよね。

寿美子　そう。ＪＴがおこなっているそうした助成事業や奨学金は、ＦＣＴＣ違反なんだ。ＪＴは助成事業や奨学金だけでなく、「ＪＴの森」という植林活動や「ひろえば街が好きになる運動」といった環境保全運動、たばこと塩の博物館・ＪＴ生命誌研究館・ＪＴアートホールアフィニス・アニフィス文化財団の運営といった文化・芸術分野へも資金を拠出している。それらももちろんＦＣＴＣ違反。

慎次　僕が思ったのは、バレーボールチーム。たしかＪＴは男子も女子も、バレーボールチームを持っていたよね。それから、ＪＴカップだっけ？　ゴルフの大会もあったよね。

寿美子　それらも全部ＦＣＴＣ違反だよ。私があざといと思うのは、バレーボールチームがその本拠地である広島県や兵庫県を中心に、バレーボール教室を開催していること。ＪＴのユニフォームを着たプロの選手が来て、優しく丁寧に指導をしてくれる。子供たちにとってみたら、背の高いあこがれの選手が着ているユニフォームのＪＴのロゴは、親しみやすいロゴになる。

バレーボール教室と同じくあざといと思うのが、「将棋日本シリーズ　ＪＴプロ公式戦／テーブルマークこども大会」。この大会も、あこがれの棋士が対局するところを観戦できたり、大会前には、プロ棋士が小学校などを訪問する「テーブルマーク　プロ棋士訪問授業」が開催されたりしている。会場のイベントでは、テーブルマークの試食会も催されていて、イベント関係者はＪＴとテーブルマークのロゴ入りのエプロンを着用しているんだ。

あこがれの棋士に会えて、試食までさせてくれるＪＴは…。

慎次　いい会社、だよね〜。そうか。そういうところから、大人にはタバコを売っているかもしれないけれどそれなりに社会貢献もしているから、ＪＴを非難するのはやりすぎだという雰囲気を作り上げていって、子供たちにはＪＴに親しみを持ってもらうことで、タバコにも親しみを感じるように仕向けているんだ。

寿美子　本当にあざとくて巧妙な手法だと思うよ。でも、それらはすべてＦＣＴＣ違反。ＦＣＴＣが国民に広く知らされていないということも、ＪＴに好きなようにさせている一因でもあるよね。少なくとも立法や行政に携わる立場の人には、ＦＣＴＣについて学んでほしいと強く思うよ。

日本政府も国際社会の一員ならば、のらりくらりとした態度はやめて、条約を遵守してほしい。ＪＴもホームページに「私たちＪＴグループでは各国法令・社会ルールを守ることはもちろんのこと」と明記しているのだから、後ろを向いて舌を出しているようなやり方は即刻やめてもらいたいね。

エピソード9

渡辺文学さん（タバコ問題情報センター代表理事）77歳・男性
渡辺龍子さん（渡辺文学さん夫人）

タバコ企業は「現代の死の商人」

文学さん　最初にタバコを吸ったのは19歳の時。周りがもうみんなタバコを吸っていましたから、つられて、何気なしに吸ったんです。

その当時は両切りピースを1日に1箱くらい。1箱40円でした。当時は麻雀をよくやっていて、麻雀屋は煙でモクモクでしたよ。私も麻雀をしながらタバコを吸っていました。

龍子さん　私、忘れ物をしたから持ってきてくれと言われて、麻雀屋まで持って行ったことがあるんですよ。ドアを開けたらワーッて煙が出て来て、中は真っ白で見えないくらいでした。

——どうしてタバコの本数が増えていったのでしょう。

文学さん　1日60本、ハイライト3箱というのが、やめる前の数年間でしたけれど、それまでは1日1箱、多くても1箱半でした。当時はタバコも安かったし、本数はあまり意識せずに吸っていました。喫煙率は80％とか70％とかで、吸うのが当たり前。1966年の喫煙率は83・7％でしたからね。

僕は1977年5月6日が禁煙記念日です。その前、1970年から1977年までは、公害問題研究会で「環境を守ろう」、「公害をなくそう」と言いつつ、常にやめたいと思いながらタバコを吸っていた苦い記憶があるわけです。でもやっぱりやめられない。ニコチンの依存性にはまっていたんでしょうね。

当時は車にも乗っていましたからね。公害問題の集会などに資料を持って行くのも、宅配便なんてないから、車も必要悪だと。そう言っていたのが、1977年5月6日に、運転免許1年停止になっちゃったんです。僕は1年経ったら免許は自然と帰ってくるものだと思っていたら、そうじゃなかった。

龍子さん　1日講習を受ければそれで済んだのに、それも無視したんですよ。だからね、考えていることがいい加減なんですよ。免許なんて、勝手に戻ってくるんじゃないかなんて。

文学さん　酒を飲む機会も多かったですからね。

龍子さん　そうそう、良かったんですよ、事故を起こす前で。それから、私、結婚する前に、車の中で、タバコを吸うかって出されたんです。それで、吸ってみたら、初めてでしたでしょ、もうコンコンコンコンむせて、「なんでこんなのがおいしいの?」と言った覚えがあるんですよ。

文学さん　えへへへ。大変なことだ。

龍子さん　それで私は、タバコというのはこんなものか、一切私は吸いたくないと思ったんです。みんな女性にああやって出していたのね。ああやって、昔。

文学さん　いやいやいや、そんな、女性には出していなかったよ。

龍子さん　出していたわよ。やっていたと思うわよ。すごい悪い人でしょ。

――本当です。悪い人ですね。

文学さん　そうです。いやいやいやいや。話を戻すと、もともと公害問題を扱いながら、車を運転するうえに、タバコも吸っていて、自分が公害の発生源になっているという思いがありました。

僕の場合は運転免許の1年停止という日に、NHKで、イギリスの王立医師会が、タバコを1本吸うと5分30秒寿命が縮まりますとやっていた。電卓をたたいてみたら、10年くらい寿命が短くなるんです。39歳と10か月、あと2か月で40歳、人生80年とすれば折り返し地点と。そういういろいろな要素があって、その晩、もうタバコをやめようと。翌日からゼロです。

今ならタバコの臭いをかいだだけで、ムカッと来るのですが、当時はグッズが何もないので、タバコをくわえて息を吸いこんで、とにかくこの1本に火さえ点けなければいいんだと。そうしているうちに間隔が開いてきて、だんだん吸うことも忘れてきちゃうんですよ。

――タバコを吸っていて、体調不良を感じたことはなかったのですか。

文学さん　年に何回か風邪を引いていました。今は風邪をほとんど引かない。もう10年間ぐらい、風邪を引いていないんじゃないかな。それと時々頭が痛くなっていました。

とにかく、タバコをやめて良かったことはたくさんあるんです。部屋のヤニがなくなったこともそうだし、歯にヤニがつかなくなったこともあるし、風邪を引かなくなったし、のどの調子も良くなった。食事もおいしくなった。

龍子さん　家族が喜んだ。

文学さん　そうだね。

龍子さん　タバコをやめてほしいとは、いつも思っていました。家の中でも吸っていましたしね。灰皿を持って歩いて吸っていましたよ。

文学さん　とにかく、自分の両親も、叔母たちも、大学でも職場でも、周りが吸っているから、タバコに対する抵抗感なんてないんです。だから、タバコの嫌いな人がいるとわかっている所でも、タバコを吸っていたな。ひどいことをしたと、今思いますよ。

タバコが切れたらイライラしていたし。平山雄*先生の標語に「吸うからストレス悪循環」というのがあるんです。吸っていたからイライラしていたんです。外出先でもタバコが吸える場所を探して、見つからないとイライラしていたんですね。タバコをやめたらなくなりました。

*平山雄（ひらやま　たけし、1923～1995年）
医学博士。1981年にイギリス医学情報誌『ブリティッシュ・メディカル・ジャーナル』で、受動喫煙と肺がんの関係を論じた、いわゆる「平山論文」を発表した。

僕がタバコをやめた1977年頃は、受動喫煙の情報がちらほら入ってきた時でした。オーストラリアでブライアン・マクフライドさんという方が、バスの中で煙を吹きかけられて裁判を起こしたとか、アメリカでドナー・シンプさんという方が、勤めていた会社を訴えたとか、ミネソタ州で室内空気清浄法ができたとか、そういう情報が入ってきた時でもありました。当時はタバコの問題をやっているなんて言うと、変人扱いです。この10年くらいですかね、やっと芽が出てきたと思うようになったのは。

僕はね、喫煙所を残すというのは反対なんです。喫煙所があるから、灰皿があるから吸いたいという気持ちになるんでね。実際僕も、やめたいやめたいと思いながら吸っていた。とすると、やっぱり分煙は駄目なんです。禁煙に努力している人の意欲を削いでしまうわけですから。

――そこにあるから吸ってしまうんですね。

文学さん　そうです。そこに灰皿があるから吸ってしまうんですよ。なければ最初からあきらめるんでしょうけれど。

分煙もね、過渡期としては必要だったと思います。でも、産業医科大学の大和先生と僕らでいろいろと測定して歩いた結果、分煙は意味がないということがわかったんです。分煙では駄目なんです。今、ＪＴが盛んに分煙分煙と言っているのを見ると、忸怩たる思いですよ。

――ＪＴとしては吸ってもらわなければ商売として成り立たないわけですから、なんとしても分煙に持っていきたいんですね。

文学さん　そうなんですよね。全面禁煙の所になんとかして灰皿を置いたり、喫煙所を作ろうとしたり。「分煙はタバコをやめたいと思っているスモーカーのためにはならないんです」と、声を大にしてあちこちで言っているんですが、なかなかメディアが取り上げてくれない。これが問題ですよ。アスベストなら大きい記事になるけれど、タバコ問題だとなかなかならない。

それから根本的な問題としては、財務省がタバコの監督官庁なんてことがまず間違っている。タバコ企業なんて、公害企業・犯罪企業です。最近の国際会議では「現代の死の商人」と言われています。死の商人の株を、国が33・35％も持っていること自体問題ですよ。財務省からJＴへの天下り、財務次官がJＴの会長に納まることも問題だし、これは国際条約違反です。

それから、たばこ事業法の存在が問題です。民主党政権下ではたばこ事業法をなくすと言ったのに、反対勢力に丸め込まれてトーンダウンしちゃうし。やはり国がJＴの株をすべて民間に放出して、厚生労働省がフリーハンドでお酒やタバコの問題に当たれるようにしなきゃならんでしょうね。

吸うからストレス悪循環——●

慎次　「吸うからストレス悪循環」か。わかるな〜。

寿美子　喫煙者の1日の気分の変化を調べた研究によると、喫煙している人のストレス感は喫煙する前に高く、喫煙した直後に低下して、次の喫煙までの間に増加することがわかっているんだよ。この結果は、ニコチン切れによる離脱症状（イライラ・易攻撃性など）を喫煙によって和らげているだけだと解釈できるんだって。

ニコチンの血中濃度の半減期は約30分。この前東海道新幹線に乗ったら、隣の人がたまたま喫煙者で、30分毎に喫煙ルームを往復されて、タバコ臭くて閉口したよ。その様子を見ているとね、本当に30分でそわそわし出すんだよね。喫煙がストレス解消になるというのは喫煙者の思い込みで、実はストレスを作り出す原因になっているんだね。

慎次　じゃあ、タバコを吸うとアイデアが浮かぶとか、集中力が高まるっていうのも思い込み？

寿美子　そう。ニコチン切れの状態の時は脳の機能が低下しているから、ニコチンを補給した時にまるで成果が上がるかのような錯覚に陥っているだけなんだ。

慎次　今考えると、僕なんか最後の方はニコチン補給のための吸い方をしていたんだろうな。当時はそう思って吸っていたわけじゃないけどね。家の中のありとあらゆる所に灰皿を置いて、どこでも吸える状態にしていたし、湯船に浸かってまで吸っていたんだから。

寿美子　恐ろしいよね。文学さんも、家の中で灰皿を持ちながら吸っていたようだから、家中がヤニで汚れていたんだろうね。慎次の家もヤニがひどかったよね。プーさんのぬいぐるみは黄色じゃなくて茶色かったし…。

慎次　あっ、ぬいぐるみを持っていたなんてばらしちゃ駄目だよ〜。

寿美子　そうなの？　いいじゃない。茶色かったのはプーさんだけじゃなかったよ。とにかく部屋中がくすんでいて、触るとベタベタして、拭き掃除をすると雑巾が茶色くなったもの。

ショックだったのは、オーディオのスイッチにネバネバする得体の知れない物質がこびりついていて、一生懸命拭き取ったら雑巾が黄色くなって、それがタバコのヤニだとわかったこと。

慎次　お恥ずかしい。寿美子には僕がタバコを吸っていた時の名残りで、三次喫煙をさせてしまったんだね。ごめんなさい。

侮れない三次喫煙——●

寿美子　受動喫煙による害は、その理解の程度は別として、多くの人に知られるようになったと思うけれど、まだまだ理解されていないのが三次喫煙の害。三次喫煙は、喫煙後の残留物から有害物質を吸入することで、残留受動喫煙とも、サードハンドスモークとも呼ばれている。

三次喫煙の恐ろしさは時間が経っても残存し続けることで、時間の経過とともにより有害性が増すという報告さえあるんだ。受動喫煙と比較しても、ニコチンやニトロソアミン化合物といった毒性のある物質からの影響が、数倍から数十倍になると判明している。ニトロソアミン化合物というのは、車や部屋の内部に残留するタバコのニコチンが、空気中の亜硝酸と反応して作られる強力な発がん性物質なんだよ。

慎次　えっ、寿美子、ごめんね。まさかタバコをやめる前の喫煙が後々これほど影響を及ぼすなんて、考えてもみなかった。

寿美子　三次喫煙の害を最も受けているると考えられているのが、生活する場所を自分では選べない赤ちゃんや子供たち乳幼児なんだ。子供たちは床を這ったり、いろいろな場所や物をなめたりするよね。

慎次　そうか。いろいろな所を触った手で指しゃぶりもするし、タバコを吸ってきた大人に抱っこされたりもするわけだ。

寿美子　そう。子供の前でタバコを吸っていないから大丈夫だと思うのは大間違い。タバコを吸った後、発がん性物質を含む有害物質が衣類や髪の毛・皮膚について、子供たちの体内に吸収されているんだよ。

　子供は体が小さいから、呼吸速度も速くて、そうした有害物質の影響を強く受けるんだ。子供が日常的に触れたりなめたりしている物から、発がん性物質が摂取されていくことがわかっても、大人はタバコを吸うのかね。それは毒入りの飴をなめさせているのと等しい行為だよ。

慎次　子供を大切にしない社会に、未来はないね。

寿美子　屋内はもとより屋外でも、タバコを吸える場所を設けることは受動喫煙や三次喫煙の機会を与えているに等しいんだ。しかもそれらを自治体が設けていることは、大きな問題だと思うよ。

灰皿があるから吸ってしまう

慎次　僕が部屋中のありとあらゆる所に灰皿を置いたり、文学さんが灰皿を持ちながら吸っていたことは、どこでもタバコが吸える環境を作っていたってことだよね。どこでも吸えるから、バンバン吸っちゃうんだ。それは外でも同じで、灰皿があるからタバコを吸ってしまう。

文学さんも話していらしたよね、なければ最初からあきらめるって。

寿美子　30年前ならいざ知らず、今では禁煙の場所で、無視してタバコを吸う人はごくわずかだと思う。そうした人を避けるために喫煙所が必要という理屈で喫煙所を設けると、むしろ喫煙者が集まってきて、結局より多くの人にタバコを吸わせるようになってしまう。

ＦＣＴＣの第8条ではタバコの煙に曝されることからの保護を規定しているから、自治体で喫煙所を作るのは条約違反に相当するね。今や喫煙率は20％を切っているのだから、自治体で喫煙所を設けるということは、8割の市民に受動喫煙を強いていることになるんだよ。

慎次　それでも商売のためにタバコを吸わせたいから、喫煙所を作りたい人たちがいるんだね。

寿美子　そのとおり。タバコ企業の人たちだよ。ＪＴが分煙コンサルタントをオフィスや飲食店に派遣している話はしたよね。それだけじゃない。ＪＴは自治体や観光地に喫煙所や灰皿の寄贈もしている。

慎次　よく見かける喫煙所の灰皿には、ＪＴのロゴが入っていなくても、色といい書体といい、メッセージのデザインといい、見ればＪＴを想起させるものがあるよね。

寿美子　ＪＴでは、ホームページ上で、スタンド灰皿や携帯灰皿の提供をおこなっているかとの問いに、「スタンド灰皿については、設置予定場所が不特定多数の方が往来される公共の場所であれば、その後の灰皿の管理をしていただくことを前提に、ご提供させていただく場合もございます」と、回答している。

慎次　すごいな、それ。不特定多数の人が往来する公共の場所だから禁煙にするのではなくて、灰皿を設置して吸わせるのか。

灰皿や喫煙所を寄贈するＪＴ

寿美子　インターネットで「ＪＴ　灰皿　寄贈」とか、「ＪＴ　喫煙所　寄付」で検索すると、ＪＴがさまざまな自治体や施設・観光地などに灰皿や喫煙所を寄贈していることがわかるよ。

慎次　それって、例のＦＣＴＣに違反しないの？

寿美子　もちろん、違反しているよ。これはね、ＪＴの申し出を歓迎して受け入れている側が、ＦＣＴＣのことを理解していない、あるいはまったく無頓着だということもあるだろうね。

慎次　ＪＴの作戦に気づかないうちに、まんまと乗せられているのか。

寿美子　乗せられているのは提供を受ける側だけじゃない。ＪＴからの喫煙所や灰皿の寄贈を、地方紙などでは良いニュースとして写真入りで報じている。メディアもＦＣＴＣを理解していないとみえて、ＪＴの宣伝のお先棒を担いでいるってわけさ。私が調べたところでは、なんと、首長とＪＴ社員が仲良く目録を手にした写真つきで、「ＪＴ支店がメッセージボード付き灰皿を寄贈」という記事をホームページに掲載していた自治体もあったよ。

慎次　それ、自治体がＪＴの宣伝活動をしているのと一緒だね。

寿美子　よく考えられていると思うのは、ＪＴもむやみやたらと寄贈しているわけではないようで、自治体がポイ捨て禁止条例とか路上喫煙禁止条例などを定めたり、路上喫煙禁止区域などを決めたりすると、ポイ捨て防止のために灰皿を置いてはいかがですか、喫煙所を決めた方がポイ捨てはなくなりますよといったアプローチで、灰皿や喫煙所を寄贈しているようなんだ。

慎次　は〜、ＪＴの方が上手だね。

寿美子　悔しいけれど、そのとおり。自治体に限らず、ＪＴは観光地にも灰皿や喫煙所を寄贈している。大規模な公園や動物園などへの寄贈が目立つね。担当者はＦＣＴＣを知らず、健康増進法にも無頓着で、喫煙所を作ったことはむしろ良いことをしたと思っているから、メディアを呼んで記事にしてもらったり、ホームページやブログで紹介してしまうんだね。

慎次　それは表向きポイ捨て防止だとか、マナー向上だとかのためにしているように見えるけれど、ＪＴの真の目的はそこではないんじゃない？　公園や動物園はたくさんの子供たちが利用する。園内が禁煙になってしまったら、子供たちにタバコの存在をアピールできないよね。喫煙所を作ることで、親がタバコを吸いに行く姿を見せたり、喫煙所やタバコの存在をちらつかせたりすることができる。子供たちにタバコを身近に感じてもらうための作戦なんだ。

屋外でも受動喫煙はある

寿美子　不特定多数の人が利用する場所に灰皿を置いたり、喫煙所を設置したりすることは、ＦＣＴＣだけでなく健康増進法25条にも深くかかわることなんだ。市民の健康を守るための法律が、市民に理解されていないことも、ＪＴの巧妙な作戦がまかり通っている一因にもなっているよね。国がわざわざ市民に知らせないようにしているのではないかと勘繰りたくなる。

慎次　健康増進法、たしか、２００３年に施行されたんだよね。施行されてから10年以上が経つんだね。多数の人が利用する施設の管理者は、受動喫煙を防止するために必要な措置を講ずるよう求められているんだよね。

寿美子　そう。それは、屋内・屋外を問わずね。

２００５年３月30日の「名古屋市健康増進法第25条違反訴訟」の名古屋地裁判決によると、健康増進法第25条には「屋外において他人のタバコの煙を吸わされること」は含まれていないけれど、これは屋内と屋外で煙の性質が異なるというわけではなく、屋外では空気の拡散で煙が薄くなるため、より優先度の高い室内から措置を講じようとしたもので、危害の危険性の有無という点では、室内でも屋外でも同じであり、屋外であっても第三者に危害を及ぼす危険性はあると評価すべきだとしているよ。

さらに、喫煙は公共性や公益上の必要性のある行為とまでは言えず、一人の喫煙で多数が受動喫煙に遭うことを考えれば、受動喫煙防止のためには、喫煙場所を十分密閉されて空気が漏れない閉鎖空間に限る、通らざるを得ない場所に灰皿などを置かないなどの措置が要請されると述べられている。

慎次　つまり、受動喫煙防止のためには、人通りのある場所に灰皿を置かないようにすべきだということか。それならなぜＪＴは、それこそ「十分密閉されて空気が漏れない閉鎖空間」の喫煙所を作って寄贈しないいんだろう？

寿美子　それはね、ＪＴは受動喫煙の害を認めていないからなんだ。

慎次　えっ？　そうなの？

寿美子　そうなんだよ。「十分密閉されて空気が漏れない閉鎖空間」の喫煙所を作って寄贈したら、受動喫煙の害を認めるようなものだからね。科学的知見によって受動喫煙の害が認められているにもかかわらず、ＪＴは頑なにそれを否定して、バンバン灰皿を寄贈して喫煙者にはタバコを吸わせ、非喫煙者には受動喫煙の被害に遭わせているというわけだ。

慎次　タバコを吸う人も吸わない人も、タバコ会社の被害者なんだね。渡辺さんが言うように、タバコ企業は「現代の死の商人」だということが、よくわかったよ。

エピソード10
目黒　隆さん（仮名）62歳・男性

喫煙は暴行罪・傷害罪の可能性も

タバコをやめたのは2006年か2007年。タバコを吸うのに、意識して吸わないと吸えなくなってきて、それでも吸いたいかとなった時に、もう吸いたくないとなったんです。やめた時は、会社へ向かう時、タバコなんか吸えないなと思って、ポケットにあったタバコを駅のごみ箱に全部捨てました。それ以来、全然吸っていません。

——いつからタバコを吸い始めましたか。

8歳ぐらいかな。子供の頃、田舎には火鉢があって、火鉢の周りにはタバコの吸い殻が挿してありました。それを拾って、火をつけて吸っていたんです。どんな味なのかなって。毎日やっているわけじゃないですよ。

本当に吸い出したのは、二十歳過ぎてからです。私らの年代は、二十歳過ぎたら飲もうとか、吸おうとか、ある意味では目標であって、吸える年になるともうみんな吸っていました。

1箱、20本ぐらいを吸い続けていました。

――子供が生まれたらやめると言ったじゃないの、と奥さんになじられたとおっしゃっていましたが。

私は部屋の中と子供の前でタバコは吸いません。でも、1回だけ灰皿が部屋に置いてあって、気がついたら子供が吸い殻を食べていたことがありました。

当時は害を与えているという意識はなくて、臭いというのなら嗅がなきゃいいじゃないかと思っていました。害じゃないわけですよ、吸っている人間にとっては。受動喫煙によって健康被害が出ているとか、喘息になったとかだったら多分吸わないと思います。

だから、喫煙所で吸っている人は、法律に則って決められた場所できちんと吸っていると思っていて、その煙がどこに行って、それを吸う人がいるなんて絶対思っていないんじゃないかな。もしかしたら、喫煙所で吸っている人たちは、自分たちはルールをきちんと守っている、立派だろうくらいに思っているかもしれません。

禁煙運動の本質は何かと考えると、吸っている本人の体への害ではなくて、周りの人の体に影響があるということ。それをストレートに言えば、犯罪として立証できるか、という問題もあるのかもしれないけれど、あなたの行為は犯罪ですよということになる。受動喫煙症という病気があるのなら、喫煙は犯罪ですよ。心底そう思っています。

私が子供を持った30年近く前は、「ホタル族」みたいな話が出てきた頃で、団地の人は結構ベランダで吸っていました。私は屋上で吸っていました。今は二次的喫煙とか言われるけれど、喫煙者としては、タバコが他人にそんなに迷惑をかけているという意識はないんです。

それに喫煙者本人は死んだらわからないわけで、どうせ自分のことなんだからいいじゃないかっていうのがある。だから喫煙は犯罪なんだと良心に訴えていかないと。

——あなたがタバコを吸って死ぬのは勝手だけれど、その煙を吸わされている人がいて、苦痛を被っていると。

そこを言えばまだわかる。少なくともタバコというのは、本人が意図するしないにかかわらず煙が出るわけだから。つまり、他人に被害を及ぼす物だから、喫煙は傷害罪ですよ。

喫煙所をわざわざ設けるということは、権利を保障されたというか、ここでなら吸っていいんだとお墨付きを与えられたというか、逆効果になっているわけです。公的な場所や、吸わない人が一人でもいるのであれば禁煙にすべきで、そういう法律を作ると。

路上喫煙にしても、こっちはよくてここからは駄目という、つぎはぎ的なことをしているからいけない。全部駄目にしないと。自治体が喫煙スペースを提供して、矛盾した措置を講じるから、よけいわからなくなるんですよ。なんのために禁煙させるのかということと、喫煙スペースを設けることは矛盾しないのか、ということを考えると、矛盾していますよね。

――私は共同住宅住まいなのですが、階下でタバコを吸われて、とても困ったことがあります。

集団が小さくなればなるほど、また密接な場所ではなかなか言えないし、迷惑とかそういうのは、人の心の問題になってしまいますよね。そうすると人間関係になっていくわけで、そうではなくて、煙は害なんだと、凶器なんだと。そういう凶器をみんなの前にちらつかせるのはやめましょうという話にすれば、心の問題ではなくなるわけです。そこを禁煙運動の核にしないと。タバコの煙は凶器で、それを操っている人は犯罪者なんだと。本当はね、きちんと国が根拠を与えるべきなんですよ。

――WHOは、タバコを撲滅の対象にしていると思いますよ。

日本の社会でそれができるだろうか。

それよりも、吸う人間を育てないということがいちばん大事で、田舎の甥に「おっちゃん、タバコを吸うと、こんだけ寿命が短くなる」って言われた時にはね、えらいこと言われちゃったなって感じましたよ。甥は今タバコを吸っていません。それがいちばん大事なこと。

たんにタバコの害を訴えるだけだったら、医者が書いたものが五万とある。そうではなくて、中学生や高校生に、ひょんなことでどえらい人生が狂うこともある、ということを知ってもらう必要がある。そのどえらいことというのは、自分たちが防ごうと思えば、知識を得るなかで防げることもあるんだよということが大切だと思います。

病気になって、この病気はああですよ、この病気はこうですよと言われても、医学知識がありますというだけであまり意味がないと思うんです。そうではなくて、まず医学的な知識を持って、こうすればどうなると、そのうえで、知っていれば防げたことが起きている、それが自分のみならず、煙を吸った第三者の人生まで狂わせることがあるというところに結び付けなければならない。

あと10年したら、吸う人はいなくなるんじゃないでしょうか。オリンピックをするなら、公の場での喫煙はやめなさいというのも一つ。私の理想は、タバコを日本で売らなくなること。

タバコが原因のベランダ火災が増加

慎次　ホタル族か。ちょっと懐かしい言葉だね。最近はあまり使われなくなった気がするな。ホタル族自体、減ってきているのかな。ホタル族って、マンションなどの共同住宅で、ベランダに出て喫煙している人を揶揄した表現だよね。いつ頃から使われ始めたんだろう。

寿美子　ホタル族という言葉が使われだしたのは、1989年頃らしいよ。当時の喫煙率は男性が61・1％、女性が12・7％。2014年の喫煙率（男性30・3％・女性9・8％）と比べても、ベランダで喫煙する人は今より相当多かったんじゃないかな。

慎次　数は減っても、近年はベランダでの喫煙が、ベランダ火災や近隣トラブルの原因になっているんだよね。

寿美子　ベランダが出火元の火災については新聞やテレビでも取り上げられて、2015年10月3日のNHK総合「あさイチ」で放送された。近年増えているのが、タバコのポイ捨てや消し忘れが原因の火災で、溜まった吸い殻から時間が経って出火するケースも多いそうだ。

消防庁予防課が2015年10月5日に出した事務連絡によると、タバコが発火源となった建物火災のうち、ベランダ・バルコニーが出火箇所となった割合は、最近10年で4・6％

（2005年）から11・5％（2014年）と、2倍以上に増加していることがわかる。タバコが原因の出火では、ベランダ以外の火災は減少しているのに、ベランダでの出火だけが増えているそうだよ。

ベランダを介したタバコの煙害問題

寿美子 10月3日の「あさイチ」放送後、NHKには多くの反響が寄せられたんだって。そのなかでも目立ったのが、ベランダを介した近隣トラブルで、タバコの煙害やペットの問題が多かったそうだよ。そこで「あさイチ」では、改めて「反響編　ベランダ問題」を11月2日に放送したんだ。

慎次 その時、寿美子が取材されたんだよね。我が家でも長いこと、近隣住民の喫煙に悩まされてきたからね。解決するまで、足掛け5年かかった。

寿美子 我が家の場合、一応解決したことが評価されたのだと思う。ベランダでの喫煙問題で悩んでいる人たちにとって、一つの方法として、参考にはなると思うから。

慎次 寿美子はマンションの管理組合に働きかけた。

寿美子 そう。本来は煙の発生源に対して働きかけるべきなのだろうけれど、あえてそうはしなかったんだ。個人対応に、不安を感じていたからね。目黒さんのお話にもあったように、意図せず人の心の問題になって人間関係が生じた場合、うまくやれる自信がなかったんだ。

それに、煙の発生源の目星はついていたけれど、確証はなかったし。

だから、管理組合に対して、ベランダの利用方法として喫煙はふさわしいか、という問題から入った。ベランダは専有使用権が認められているものの共用部分であり、共用部分での火気使用や臭気を発生する行為は規約・使用細則で禁止されているにもかかわらず、タバコだけが認められる理由はない、と訴えたんだ。

慎次　そこであの名文句が出たわけだ。

寿美子　ああ、「タバコが認められるなら、同様に火気を使い臭気を発生させる行為、例えば花火をしたり七輪でくさやを焼いたりすることも認められるはず」、というのね。

でも最初は管理組合から、ベランダでの火気使用・臭気発生に関する明快な回答は得られずに、注意喚起の紙が掲示板に貼られただけだった。

慎次　管理組合も、喫煙している住民からの反発がありはしないか不安に思ったんだろうね。

寿美子　回答文書には、「生活苦情については当事者対応が原則です」とも書かれていた。やはり管理組合でも、住民との人間関係を心配するんだよね。

ベランダでの喫煙問題の解決に向けて

寿美子　結局、注意喚起の掲示では何も変わらなかった。だから、被害記録を採って、受動喫煙症の診断書をもらって、管理会社に電話をしたんだ。弁護士に相談したところ、喫煙しているお宅の特定をするように言われたけれど、協力してもらえませんかって。

慎次　そこから解決に向けて、一気に動き出したんだね。

寿美子　そう。管理会社の担当者が理解を示してくれて、喫煙しているお宅を特定して事情を話し、ベランダでの喫煙を控えてもらうようお願いまでしてくれた。家族の方には、「わかりました」と言ってもらえたんだけど、残念ながら、それでも変わらなかった。

慎次　僕も喫煙者だったからわかるけど、喫煙者は自分の喫煙の結果がどうなるか、甘く見ているところがあるよね。これくらいは平気だろうって、勝手に決めちゃう。

喫煙者は家族にタバコの煙を吸わせられないからと、配慮してベランダに出てタバコを吸う、あるいは家族から煙たがられて仕方なくベランダでタバコを吸うんだろうけれど、その結果、家族にも吸わせられないタバコの煙を他人に吸わせているなんて、想像してもいないよ。

寿美子　忠告されても？

慎次　一度くらい忠告されても平気さ。高をくくっている。

寿美子　そうなんだ。煙害を被って苦しんでいる人と、このくらいなら平気だろうと高をくくっている喫煙者の間には、乖離があるんだね。

そこで再度管理組合に要望書を提出したんだ。管理会社からの忠告後も、ベランダ喫煙によって相変わらず健康被害を被っていて、今までのような注意喚起の掲示のみでは、生活環境を改善させる効果は期待できないって。

慎次　そこでやっと管理組合も決断してくれたのか。

寿美子　管理組合からマンション住民に対して全戸配布された文書には、「ベランダでの喫煙に関してはお控えくださるように」とあって、表現は柔らかいものの、マンションの管理組合の意思として表明されたことは大きいと考えているよ。

私が希望した、受動喫煙・三次喫煙により受動喫煙症を患っている住民の存在と、２０１２年12月13日に名古屋地裁でベランダでの喫煙に対して損害賠償命令が出された判決が確定していることについても明記されていた。

管理組合から文書が配布されてから、タバコの臭いはしなくなったよね。ここまで来るのに、足掛け5年。苦しかったけれど、粘り強く取り組んできて良かった。

画期的な名古屋地裁の判決——●

慎次　寿美子がマンションの配布文書に明記してくれと要望した名古屋地裁の判決は、どんな内容なの？

寿美子　２０１２年12月28日付の「中日新聞」によると、マンションのすぐ下の階に住む男性がベランダで吸うタバコの煙によって、名古屋市の女性が体調を崩したとして、男性に１５０万円を求めた訴訟で、名古屋地裁は12月13日、近隣住民に配慮しない喫煙の違法性を認めて、精神的な損害への慰謝料として5万円の支払いを命じたんだ。

男性は、家族がいる時はベランダでタバコを吸う習慣で、女性にはぜんそくの持病があった。女性は階下から流れてくるタバコの煙をストレスに感じて、帯状疱疹を発症。扇風機や空気清浄器をつけても煙が気になって、手紙や電話で喫煙をやめるよう男性に求めたけれど、応じてくれなかったんだって。

男性側は、女性の体調悪化と煙の因果関係は認められず、マンションの規則でベランダでの喫煙は禁じられていないこと、タバコを吸いながら景色を眺める楽しさや私生活の自由を挙げて、「違法性はない」と反論したそうだよ。

慎次　喫煙者は、自分の出したタバコの煙によってどれだけ他人を苦しめているか、わかっていないんだよね。この男性は、女性からの度重なる注意を軽く見て、ベランダでタバコを吸い続けていたんだね。これくらいなら大丈夫だろうと、高をくくっていたんだ。

寿美子　判決では、川に面した景色の良さから、女性がタバコの煙を防ぐため「日常的に窓を閉め切るような環境ではない」として、その男性が他の居住者に著しい不利益を与えながら、防止策をとらないことは不法行為に当たると認めたんだ。

慎次　そうか。こういう問題が出ると、「タバコを吸う権利も認めてほしい」というような意見が喫煙者から出るけれど、それは他人に精神的苦痛を与えてまでも主張できるものではないってことなんだね。

タバコを吸うのは犯罪か――●

慎次　それにしても、目黒さんが言うように、タバコを吸うのは犯罪ですというのは、かなり強烈なメッセージだね。

寿美子　私も驚いたけれど、的外れではないんだよね。というのも、もちろんタバコを吸うこと自体は犯罪ではないけれど、吸い方によっては犯罪になることもあるようなんだ。

『捜査研究』No.781・No.782で、岡本光樹・片山律・谷直樹の3弁護士は、タバコの煙の受動喫煙に、暴行罪（刑法208条）、傷害罪（刑法204条）、過失傷害罪（刑法209条）が成立しうると論じている。

慎次　えっ？　タバコを吸っていることを注意された人が、逆上して暴力をふるったとかでなくて、タバコを吸うことだけで暴行罪や傷害罪に問われる可能性もあるってことなの？

慎次　そうだよ。例えば、タバコを吸っていることを注意された人が、注意した人に向かって腹立ちまぎれにタバコの煙を吹きかけたとすると、それは暴行罪に該当する可能性があるんだって。「暴行」とは、人の身体に対して向けられた不法な有形力の行使を言うそうだけれど、その「有形力」のなかには、物理的な力だけではなくて、音や光・熱・冷気・電気などのエネルギー作用によるものも含まれると解されているんだ。臭気や化学的作用についても含まれると考える積極説が、学説上多数だそうだよ。

タバコの煙を吹きかけて受動喫煙をさせる行為は、臭気や化学的作用を相手に対して起こすわけだから、「暴行」に当たるよね。

慎次　じゃあ、もしまたうちのマンションで受動喫煙の害が再発したらどうなるんだろう。

寿美子　あまり考えたくないことだけれど、可能性がないとは言い切れないよね。もし、受動喫煙の害が再発したら、その時はいよいよ個人対応しなければならなくなるだろうね。特定された喫煙者との話し合いを経たうえで、状況が改善されないようであれば、裁判、もしくは警察に訴えるといった方法を採らざるを得ないんじゃないかな。

『捜査研究』№.782は、そうした場合の警察の対応について、「民事不介入」「民事不干渉」などを口実とした不作為は、不適切だと述べられている。近隣住宅における受動喫煙の問題は、民事のみならず、刑法の観点からも問題となり得るって。

慎次　ふ〜ん。じゃあ、暴行罪に該当するの？

寿美子　暴行罪の成立については、肯定と否定のいずれもが考えられるようだよ。でも、喫煙者が受動喫煙被害者の精神的負担や身体的傷害の可能性を認識しながらおこなったものとして「未必的故意」が認められれば傷害罪に、「未必的故意」が認められなければ過失傷害罪になるそうだ。

慎次　つまり、タバコをどこで、どう吸うか、他者に対する危害を認識しているか、いないかということが問題になるんだね。そしてどこでどのように吸っても、受動喫煙を避ける吸い方は極めて難しいということだよね。

子供にタバコを吸わせたら

慎次　そういえば、最近、親が幼児にタバコを吸わせて、その動画をネットに投稿したということが、何件か立て続けにニュースになったよね。未成年にタバコを吸わせる行為は、罪にならないの？

寿美子　２０１５年12月に報道された3件は、１件は暴行の疑いで母親と元交際相手の男が千葉地検に書類送検、もう1件は暴力行為等処罰法違反の罪で父親と交際相手の少女が逮捕され、その後、父親は略式起訴されて罰金10万円の略式命令、残る1件は暴行の疑いで母親が書類送検されているよ。

これらの場合は幼児の能動喫煙が問題になったけれど、今後は家庭内における幼児の受動喫煙についても、児童虐待や暴行・傷害の問題として議論される可能性があると、前出の『捜査研究』№．７８２で述べられているよ。

海外では、子供が同乗している自動車内での喫煙が、罰則付きの法律で禁止されている国もあるんだって。

慎次　親が喫煙者だった場合、受動喫煙の害を受けるのは子供なんだよね。少し大きくなれば

「タバコを吸わないで」とか「タバコをやめて」と言えるようになるかもしれないけれど、それも親が素直に聞いてくれるかなんてわからないわけじゃない。ましてや乳幼児は、親に訴えることができないまま、タバコの煙を吸わされることになるんだね。

子供の誤飲で最も多いのはタバコ――

寿美子　タバコを吸う家庭で受動喫煙と同様に危険なのが、タバコの誤飲なんだ。目黒さんも、気がついたらお嬢さんが灰皿のタバコを食べていたと話していらしたけれど、子供の誤飲事故の原因として最も多いのはタバコで、誤飲事故全体の20％を占めていることが厚生労働省の調査でわかったんだ。タバコの誤飲事故は、生後6か月から1歳5か月が9割近くで、タバコ誤飲の72件のうち50件では、家庭内に喫煙者がいたんだよ。

慎次　タバコは猛毒だってこれまでずいぶん話題に出たけれど、誤飲した場合、重大な事故につながりかねないよね。

寿美子　市販の紙巻タバコ1本中に含まれるニコチン量は約10ミリグラムで、これは乳幼児の致死量に相当するんだ。ただ、タバコを誤飲しても、ニコチンの催吐作用や口腔内への刺激が強いために、ほとんどの場合吐き出してしまうから、重篤な症状になることは稀だそうだよ。

でも、飲料缶にタバコを捨てる光景や、灰皿に水が貼ってあったりすることはときどき見かけるよね。その場合、水分にニコチンが溶出していて、それらを飲んでしまうと急性ニコチン中毒になる危険性が高くて、とても危険なんだ。

慎次　目黒さんのお嬢さんも、重大な事故にならなくて良かったね。目黒さんご自身も、8歳ぐらいの時に親や近所の人が火鉢に残した吸い殻に火をつけて吸っていたんでしょ。大人のタバコの扱い方次第で、子供の人生が左右されることを、大人は真剣に考えなきゃいけないよね。

僕もタバコを吸っていた時は、タバコの火が子供に当たらないように気をつけて、気を遣って吸っているつもりだった。でもそれは、火のことだけで受動喫煙に考えが及ばない、まさに「つもり」でしかなかったんだね。今となっては恥ずかしい。

その1本で人生が変わる

寿美子　まあ、そうしょげないで。慎次はタバコをやめてから気づいたことや、良いことがたくさんあったんでしょ。それはタバコを吸い続けていたら気づかない、新しい世界への扉を開けたことになるんだから、その経験を周りにいる喫煙者の人に話してよ。

この本のためにインタビューに応じてくださった皆さんのお話を深めていけたのも、慎次の経験があったればこそなんだから。

慎次　僕はみんなに言いたいね。目の前にある、その1本に手を出すなって。僕だって、タバコをやめた方がいい、いつかはやめたいと思いながら吸い続けていた反面、自分の身体なんて、どうなってもいいという、ちょっと捨て鉢な感覚も持ち合わせていたんだ。寿美子に「タバコを吸う人とは一緒にいられません」と言われるまではね。

タバコを吸わないことは、自分のためじゃない。大切な人を、本当に大事にすることなんだよね。

寿美子　そう思うね。そして、皆の周りの知らない誰かだって、ほかの誰かの大切な人なんだ。目黒さんもおっしゃっていたじゃない。ひょんなことでどえらい人生が狂うこともあるということ、煙を吸った第三者の人生まで狂わせることがあることを知ってもらいたいって。自分がしたことで自分の人生が狂うのなら、父が私に残した手紙に書いたように、「自業自得」で本人は無理やり納得するのかもしれないけれど、タバコはそうじゃない。他人の生活や健康、命まで脅かす物なんだからね。

慎次　そして、寿美子やお母さんのように、お父さんが亡くなった後もタバコのことで苦しんでいる人もいるんだよね。

寿美子　私もまさか、父が亡くなった後になってまで、タバコを見ただけで苦しくなるなんて思いもしなかった。タバコを吸っている人を見たり、テレビや映画、雑誌などでタバコを見るたびに、父が亡くなった時のことが思い出されて、胸が苦しくなるんだよね。だからね、タバコを吸っている人には、そのことも知ってほしいんだ。自分が好きなように吸って死ぬんだからいいじゃないかとはいかないんだよ。

父にしても、まさか自分の喫煙が、自分が死んだ後になってまで、妻や子を苦しめることになるなんて、思いもしなかっただろうからね。

慎次　タバコはね、そこにある、目の前の1本に手を出さないことで喫煙者になることはないんだよね。そして喫煙者は、やめようと思ったその時に、目の前の1本に手を出さなければ、タバコをやめられるんだ。その1本がまさしく命とり、良くも悪くも人生が変わってしまう物なんだね。

インタビューに応じてくださった10人の方は、皆さんタバコをやめて駄目だった、失敗だったとおっしゃる方はいなかったよね。僕も、タバコをやめて本当に良かったと思っているし、やめるきっかけを作ってくれた寿美子に感謝している。

タバコは本人だけの問題じゃない、周りの人はおろか、遠く見えない場所の子供たちにまで深刻な影響を与えている物なんだよね。

寿美子　そうだね。受動喫煙に曝されている子供だけでなく、タバコ農園で労働力を搾取されている子供たちを救うには、すぐ行動に移すこと。私たちは、まやかしのかっこ良さやイメージ戦略に騙されないように、賢くならないとね。

子供たちの「吸わないで」の訴えに聞く耳を持たない大人に、子供たちがどれだけ失望しているかも、大人には気づいてほしいよね。適当にごまかしたり、軽くあしらったり、知らんふりをしないで、真剣に受け止めてほしいね。

慎次　子供たちの未来を大人が奪っちゃいけない。未来を変えるのなら、良くしたいよね。簡単なことだよ。目の前の1本を吸わないことで、子供たちを救うことができるんだもの。

おわりに

10人の元喫煙者の方々へのインタビューと、それを基にしての私と夫で繰り広げた珍問答、実は私と夫との日常会話に限りなく近いものです。

私の父は喫煙者でしたが、私は父とタバコの話をしたことがほとんどありませんでした。父とタバコの話をすると、どちらからともなく喧嘩腰になって、険悪な雰囲気と後味の悪さしか残らないからです。父はタバコ病になるまでタバコを吸い続けていたことに対して、「俺の何が悪いんだ。みんなで俺を責めて」くらいに思っていたことでしょう。その父が自らの病を「因果応報」だと気づいたのは、タバコ病になってからでした。

それにひきかえ、夫はタバコをやめたことが自信につながっているのかもしれません。私の無遠慮な質問にも、元喫煙者として正直に答えてくれました。私は夫を通して、喫煙者の気持ちや考え方の一部を知ることができるようになったのです。

そんな我が家の日常のタバコ問答を本にしたいと考えたのは、タバコ病だった父の闘病生活と壮絶な最期を目の当たりにしたことと、敬愛するなだいなだ（以下、敬称略）の死がきっかけでした。

私が敬愛するなだいなだは、精神科医で作家でもあり、アルコール依存症の専門医として『アルコール問答』『アルコール依存症は治らない《治らない》の意味』の著作があります。

また、『教育問答』『権威と権力』『神、この人間的なもの』『民族という名の宗教』など、対話形式で物事を詳らかにしていく著作は、読者がなだいなだの対話相手の立場で読み進めることができるもので、それが一層読者の理解を促すように書かれています。

また、彼の書いたものは時代を経ても古臭さが感じられません。それは、内容が物事の本質を突くものであるからだと私は考えています。私は、彼の著作から、ものの見方、考え方、そして相手にわかってもらうための文章の書き方を学びました。そのなだいなだが2013年6月に亡くなったことは、私にとって父を亡くしたことと同じくらいの喪失感と打撃でした。私は、彼から得たものを、自分の著作にオマージュとして生かしたいと考えました。

『タバコ百害問答』というサブタイトル、そして対話で話を進めていく形を採ったことは、なだいなだへの敬意を込めたものです。

私は、将来、この本が古臭いと言われ、過去の遺物になってほしいと願っています。子供たちが「タバコなんて、昔の物だよね」、「昔はなんでタバコを売っていたんだろうね」、「私たちは、タバコなんかいらないよ」と、言える未来になってほしいのです。

今、その目の前の1本のタバコに手を出さなければ、受動喫煙や、家庭で起きるタバコに関するもめごとや、葉タバコ農園での過酷な労働で苦しむ子供たちを救えるのです。

子供たちをこれ以上タバコで苦しめないために、この本が喫煙者にとってはタバコをやめるきっかけに、非喫煙者にとってはタバコについて考えるきっかけになれば、私にとって望外の喜びであります。

この本を書くにあたり、幸いにも10人の元喫煙者の方が、快くインタビューに応じてくださいました。この場をお借りして、お礼申し上げます。ありがとうございました。皆さんのお話は、これからタバコをやめて、新しい世界の扉を開こうとしている方の背中を押し、きっと勇気づけることでしょう。

本書で参考にした文献・データは、これまでタバコ問題に地道に取り組んでこられた先達の膨大な研究の賜物です。それらの文献・データをお借りしてこの本が成り立っていることにお礼を申し上げるとともに、先達の皆さんに限りない敬意と謝意を表します。

また、より良い本作りに向けてご指導くださいましたあけび書房の久保則之代表、清水まゆみさんほか、スタッフの皆様に深く感謝申し上げます。

最後に、タバコをやめて、私とともに歩んでくれている慎次、ありがとう。慎次がタバコを吸わないからこそわかる新しい世界の扉を開けたように、多くの人がその扉を開けてくれることを願っています。

2016（平成28）年8月

荻野　寿美子

参考文献・サイト

淺野牧茂『タバコは全身病　完全版』2015、少年写真新聞社
伊佐山芳郎『現代たばこ戦争』1999、岩波書店
磯村毅『リセット禁煙のすすめ』2006、東京六法出版
一般社団法人日本禁煙学会『日本禁煙学会雑誌　第5巻第1号』2010
一般社団法人日本禁煙学会『FCTC（タバコ規制枠組条約）ポケットブック』2011
一般社団法人日本禁煙学会『JTのCSR』2015
NPO法人京都禁煙推進研究会編『新版さよならタバコ　卒煙ハンドブック』2011、京都新聞出版センター
ASH（ACTION ON SMOKE AND HEALTH）『悪魔のマーケティング　タバコ産業が語った真実』2005、日経BP社
大野竜三『タバコとわたしたち』2011、岩波書店
独立行政法人労働者健康福祉機構『産業保健21　第81号』2015
長尾和宏『禁煙で人生を変えよう　騙されている日本の喫煙者』2010、エピック
松沢成文『JT、財務省、たばこ利権　日本最後の巨大利権の闇』2013、ワニブックス
松沢成文・笹川陽平『それでもタバコを吸いますか？』2010、幻冬舎
宮島英紀『まだ、タバコですか？』2007、講談社

村田洋平『受動喫煙の環境学　健康とタバコ社会のゆくえ』２０１２、世界思想社
『捜査研究』№７８１　２０１６、東京法令出版
『捜査研究』№７８２　２０１６、東京法令出版
『ＷＨＯ２００８年世界のたばこの流行に関する報告　ＭＰＯＷＥＲ政策パッケージ』日本語版　国立がんセンターたばこ政策研究プロジェクト・ＷＨＯ「喫煙と健康」指定研究協力センター

一般財団法人全日本交通安全協会　http://www.jtsa.or.jp/topics/T-254.html
一般社団法人日本禁煙学会　http://www.jstc.or.jp/
一般社団法人日本呼吸器学会　https://www.jrs.or.jp/
一般社団法人広島県医師会　http://www.hiroshima.med.or.jp/
ＡＣＥ　http://acejapan.org/
ＮＨＫオンライン　http://www.nhk.or.jp/
久喜市　https://www.city.kuki.lg.jp/
公益財団法人プラン・インターナショナル・ジャパン　https://www.plan-japan.org/
公益社団法人日本医師会　http://www.med.or.jp/
公益社団法人日本看護協会　https://www.nurse.or.jp/
公益社団法人日本小児科医会　http://jpa.umin.jp/tabacco.html
厚生労働省　http://www.mhlw.go.jp/

国際労働機関（ＩＬＯ）駐日事務所　http://www.ilo.org/tokyo/lang--ja/index.htm
国立循環器病研究センター循環器病情報サービス　http://www.ncvc.go.jp/cvdinfo/
総務省消防庁　http://www.fdma.go.jp/
週刊金曜日ニュース　http://www.kinyobi.co.jp/kinyobinews/
タバコは美容の大敵！　http://www.tobacco-biyou.jp/
多治見市　http://www.city.tajimi.lg.jp/
千代田区　https://www.city.chiyoda.lg.jp/index.html
東京都福祉保健局　http://www.fukushihoken.metro.tokyo.jp/
東洋経済オンライン　http://toyokeizai.net/
内閣府　http://www.cao.go.jp/
奈良県　http://www.pref.nara.jp/
日本学術会議『提言　受動喫煙防止の推進について』２０１０、
　http://www.scj.go.jp/ja/info/kohyo/pdf/kohyo-21-t93-1.pdf
日本たばこ産業株式会社（ＪＴ）　https://www.jti.co.jp/
ヒューマン・ライツ・ウォッチ　https://www.hrw.org/ja
ファイザー株式会社　http://www.pfizer.co.jp/pfizer/index.html
Philip Morris International　http://www.pmi.com/ja_jp/Pages/homepage.aspx
The NEW ENGLAND JOURNAL of MEDICINE 日本国内版　http://www.nejm.jp/

荻野　寿美子（おぎの　すみこ）

1967（昭和42）年生まれ。

2010（平成22）年、特発性間質性肺炎・肺気腫を発症していた父親を亡くす。父親の入院日記を基に、タバコ病患者の家族の視点から『タバコに奪われた命　父の「闘病ＭＥＭＯ」に寄せて』を2014（平成26）年にあけび書房から出版。

現在、タバコによって苦しむ人を一人でも減らしたいと、「喫煙を考える」代表、近隣住宅受動喫煙被害者の会代表としてタバコ問題に取り組んでいる。

ブログ『喫煙を考える』

http://blog.goo.ne.jp/kituenwokangaeru

私がタバコをやめた理由《ワケ》

2016年９月10日　第１刷発行

著　者——荻野寿美子
発行者——久保　則之
発行所——あけび書房株式会社
102-0073 東京都千代田区九段北1-9-5
☎ 03. 3234. 2571　Fax 03. 3234. 2609
akebi@s.email.ne.jp　http://www.akebi.co.jp

組版／アテネ社　印刷・製本／中央精版印刷

ISBN978-4-87154-146-6

あけび書房の本

父の『闘病MEMO』によせて
タバコに奪われた命
荻野寿美子著
朗らかで豪快な山男だった父。しかし、徐々に父の肺はタバコで蝕まれていたのです。そして…。壮絶かつユーモラスな父の『闘病MEMO』をもとに、娘の筆者が記すタバコの恐ろしさ。
1400円

末期がん患者がつづる痛快洒脱なエッセイ集
さよなら　さよなら　さようなら
田中美智子著
余命わずかと宣告された元国会議員の筆者。「遺言書代わりのエッセイ集」のはずが、実に楽しく、元気の出る本になりました。軽妙洒脱な一冊。山田洋次、松田解子さん絶賛。
1600円

ドキュメント●薬害ヤコブ病とたたかった人びと
いのちを返せ！
矢吹紀人著
国と企業に全面勝利した薬害ヤコブ病訴訟。薬害根絶への闘いのドキュメント。怒りの涙、つらすぎる涙、そして感動の涙いっぱいの書。瀬戸内寂聴、川田龍平さん推薦。
1600円

ぎんさんの主治医と解剖医がつづる
きんさんぎんさんが丈夫で長生きできたワケ
室井昇、棚橋千里著
驚くほどに若々しい血管、脳、臓器。食生活などその秘訣が明らかに。４人の娘さんの座談会も実に愉快。「どえりゃ～面白い本」と大好評。長生きの秘訣満載です。
1400円

価格は本体